平话法律丛书

物权法
风险防范与纠纷解决机制

王　晶◎编著

The Property Law Risk Prevention and Dispute Resolution Mechanism Research

经济管理出版社
ECONOMY & MANAGEMENT PUBLISHING HOUSE

图书在版编目（CIP）数据

物权法风险防范与纠纷解决机制／王晶编著．—北京：经济管理出版社，2019.11
ISBN 978－7－5096－6354－7

Ⅰ.①物…　Ⅱ.①王…　Ⅲ.①物权法-经济纠纷-处理-研究-中国　Ⅳ.①D923.24

中国版本图书馆 CIP 数据核字（2019）第 258349 号

组稿编辑：王光艳
责任编辑：李红贤　杜羽茜
责任印制：黄章平
责任校对：王淑卿

出版发行：经济管理出版社
（北京市海淀区北蜂窝 8 号中雅大厦 A 座 11 层　100038）
网　　址：www.E－mp.com.cn
电　　话：（010）51915602
印　　刷：北京晨旭印刷厂
经　　销：新华书店
开　　本：170mm×240mm/16
印　　张：13
字　　数：233 千字
版　　次：2020 年 5 月第 1 版　2020 年 5 月第 1 次印刷
书　　号：ISBN 978－7－5096－6354－7
定　　价：68.00 元

前　言

"有恒产者有恒心"，2007 年《中华人民共和国物权法》（以下简称《物权法》）颁布，这对于提高公民的安全保障意识、维护市场经济的正常运行起到了保驾护航的作用。对于如何更好地实施《物权法》，更好地解决物权纠纷，使《物权法》更好地服务广大人民群众，使人们的物权真正得到保护，已经成为人们关注的焦点问题。

本书以《物权法》为主要依据及重点阐述对象，选取具有典型意义的中国法院年度案例，采取以案说法的方式对物权领域的纠纷进行了详细分析，将理论与实际相结合，以理论剖析具体实例，希望通过这样的做法使读者能够轻松阅读本书，进而提高读者学法、用法的水平和兴趣。通过对中国法院年度典型案例的剖析，系统地阐述了我国物权方面的相关法律规定，同时也对重要的物权法理论问题做出了必要的解释和说明。

本书包括物权概述、所有权、用益物权、担保物权、占有五章，每章都先对理论问题进行了阐述，之后选取有代表性的中国法院年度案例进行分析，力求将理论与案例进行有机结合，将物权法基本理论与现实生活紧密联系，具有较高的学术价值和实务应用价值。

由于编者水平有限，书中尚有许多不尽如人意的地方，真诚地希望各位读者批评指正，多提宝贵意见和建议，以便于后期的修订与完善。

王　晶

2019 年 6 月于吉林师范大学

目　录

第一章　物权概述 …… 1

第一节　物的概念和特点 …… 1

一、物的概念和特点 …… 1

二、物在民法上的意义 …… 2

第二节　物权的概念和特点 …… 3

一、物权的概念和词源 …… 3

二、物权的特点 …… 3

第三节　物权法的基本原则 …… 8

一、物权法定原则 …… 8

二、一物一权原则 …… 10

第四节　物权的效力 …… 14

一、物权效力的含义 …… 14

二、关于物权的效力的观点争论 …… 15

三、物权的支配效力 …… 16

四、物权的排他效力 …… 17

五、物权的优先效力 …… 18
六、物权的追及效力 …… 25
第五节　物权的变动 …… 29
一、物权变动的概念和形态 …… 29
二、物权变动的原因 …… 31
三、物权变动的模式 …… 32
四、物权变动的公示公信原则 …… 34
五、不动产物权变动要件——登记 …… 35
六、非基于法律行为产生的不动产物权的变动 …… 41
七、动产物权的变动要件——占有与交付 …… 44
第六节　物权的保护 …… 60
一、物权保护的概念 …… 60
二、物权保护的具体方法 …… 60
三、物权保护方法的行使 …… 63
第二章　所有权 …… 73
第一节　所有权概述 …… 73
一、所有权的概念和特点 …… 73
二、所有权的权能 …… 74
三、所有权的限制 …… 75
第二节　所有权的种类 …… 80
一、国家所有权、集体所有权、法人所有权和私人所有权 …… 80

二、动产所有权与不动产所有权 …… 83

第三节 所有权的取得方式 …… 92

一、先占 …… 92

二、善意取得 …… 93

三、拾得遗失物 …… 94

四、发现埋藏物 …… 95

五、添附 …… 96

第四节 共有 …… 104

一、共有概述 …… 104

二、共有的分类 …… 105

三、共有的内部关系和外部关系 …… 107

四、共有关系的终止与共有物的分割 …… 109

第五节 相邻关系 …… 115

一、相邻关系的概念和特点 …… 115

二、相邻关系的处理原则 …… 116

三、相邻关系的种类 …… 117

第三章 用益物权 …… 120

第一节 用益物权概述 …… 120

一、用益物权的概念和特点 …… 120

二、用益物权的社会作用 …… 121

第二节 土地承包经营权 …… 122

一、土地承包经营权的概念和特征 …… 122
二、土地承包经营权的取得 …… 123
三、土地承包经营权的效力 …… 124
四、土地承包经营权的消灭 …… 124
第三节　建设用地使用权 …… 132
一、建设用地使用权概述 …… 132
二、建设用地使用权的取得 …… 133
三、建设用地使用权的效力 …… 134
四、建设用地使用权的消灭 …… 135
第四节　宅基地使用权 …… 140
一、宅基地使用权概述 …… 140
二、宅基地使用权的取得和行使 …… 141
三、宅基地使用权的效力 …… 142
四、宅基地使用权的消灭 …… 143
第五节　地役权 …… 146
一、地役权概述 …… 146
二、地役权的取得 …… 147
三、地役权的内容 …… 148
四、地役权的消灭 …… 149

第四章　担保物权 …… 154

第一节　担保物权概述 …… 154

一、担保物权的概念 …… 154
二、担保物权的属性 …… 154
第二节 抵押权…… 156
一、抵押权的概念和特点 …… 156
二、抵押权的取得 …… 157
三、抵押权的效力 …… 159
四、抵押权的实行和消灭 …… 163
五、特殊抵押权 …… 163
第三节 质权…… 171
一、质权概述 …… 171
二、动产质权 …… 172
三、权利质权 …… 175
第四节 留置权…… 180
一、留置权的概念和特点 …… 180
二、留置权的成立 …… 181
三、留置权的效力 …… 182
四、留置权的实现 …… 183
第五章 占有 …… 186
第一节 占有概述…… 186
一、占有的概念和特点 …… 186
二、占有的分类 …… 187

第二节 占有的取得和消灭 …… 190
一、占有的取得 …… 190
二、占有的消灭 …… 190
第三节 占有的效力 …… 191
一、占有的状态推定效力 …… 191
二、占有的权利推定效力 …… 191
三、占有人的权利和义务 …… 191
第四节 占有的保护 …… 192
一、占有人的自力救济 …… 192
二、占有保护请求权 …… 192
参考文献 …… 197

第一章 物权概述

第一节 物的概念和特点

一、物的概念和特点

（一）物的概念

物是指民事主体能够实际支配或控制的具有一定经济价值的物质资料。民法上的物不同于物理学、哲学上的物，民法上的物既有自然属性，又具有法律属性。

（二）物的特点

1. 须为有体物

所谓有体物，是指具有一定的形态，能够为人的感官所感触到。《物权法》第二条规定："本法所称物，包括不动产和动产。"物的有体性，是随着人们对自然界的支配能力的增强不断扩张的。例如，之前人们并没有将声、电、光、热等自然力纳入有体物的范畴，但现在，由于人们掌握了支配它们的方法，所以它们都被认为是有体物。法律规定某些权利也可以作为物权的客体，所以在特定情况下，权利也可被视为物，如抵押权就是一种物权。

2. 须存在于人身之外

在现代民法上，人是权利的主体，所以人身不能作为法律上的物，人身上的部分，在未与人身脱离之前也不能作为物。所以，以人的器官作为交易对象的，不受法律保护，甚至还会受到法律的制裁。

3. 须能为人力所实际控制和支配

民法上的物是为主体所有的、可用于交换的物。若不能为人力所控制和支配，就不能为特定主体所有，既不能利用，也不能交易。声、电、光、热等，在不能为人力控制和支配前，不是物，后来，人力能够对其控制和支配，则成为民法上的物。这种支配和控制还要求普通人可以凭借通常手段能对物进行支配和控制，不包括某些科学研究中利用特殊手段所进行的控制和支配。

4. 须能满足人们的生产或生活需要

民法上的物要具有价值和使用价值，能满足人们的生产和生活需要。人们为了获取它付出代价，才能成为民法上的物。若不能满足人们的生产或生活需要，则不具有使用价值和价值，就不能成为民法上的物。

二、物在民法上的意义

（一）物是物权的客体

物权的客体是物，债权的客体既可以是物，也可以是行为，这是物权和债权的一个主要区别。

（二）物在一定情况下决定着法律关系的性质

一方面，物可以决定法律关系的效力。比如，以限制流通物、禁止流通物进行的交易，就会出现效力的有无问题。另一方面，物还可以决定法律关系的类别。比如，以消耗物、非消耗物作为标的物，所成立的法律关系是截然不同的。

（三）物在程序法上也是非常重要的

它在某些情况下关系着一个案件的管辖问题，比如，因为动产或不动产发生纠纷，动产通常适用被告住所地法院管辖，而不动产要由不动产所在地法院管辖。

第二节　物权的概念和特点

一、物权的概念和词源

（一）物权的概念

《物权法》第二条第三款规定："物权，是指权利人依法对特定的物享有直接支配和排他的权利。"按照这一条文，物权的概念其实只有一句话，就是"直接支配物并且排除他人非法干涉的权利"。具体一些，民法上的物权是指权利人根据法律的规定，对物直接占有和支配，并享受其利益的排他性的权利。

（二）物权的词源

一般认为物权制度来源于罗马法。罗马法时代确认了所有权、永佃权、地上权、役权、质权、抵押权等具体物权形式，创设了对物之诉，罗马法学家使用过对物之权的概念。但研究证明，在罗马法中并没有出现物权这一抽象的概念。物权这一概念是中世纪注释法学派在研究、诠释罗马法时提出来的。

最早在立法上确认物权概念的是1811年《奥地利民法典》，该法第307条规定："物权，是属于个人财产上的权利，可以对抗任何人。"第308条规定："物之物权，包括占有、所有、担保、地役和继承的权利。"1896年《德国民法典》设立了"物权编"，对物权制度做了系统、完整的规定。

二、物权的特点

（一）物权是权利人直接支配物的权利

"直接支配"是物权最重要的特征。物权人或所有权人完全可以按照自己的意志占有、使用、收益、处分标的物，亦即进行"直接支配"，无须他人的意志或义务人的行为的介入，这是物权的本质。和物权相比，债权人债权的实现，必须依赖于债务人的行为，否则不能也不得直接支配标的物。

“直接支配”还指物权的实现不依赖他人的帮助，不需要征得他人的同意，完全按照自己的意志对标的物进行支配。支配权在法律上有重要意义，与债权是相对应的。债权是请求权，而物权是支配权，两者的性质不一样。同时，物权作为支配权，是人们不学自会的。物权的支配性也是比较好理解的，就是对财产进行事实上的控制。

（二）物权是以特定的物为客体的权利

其一，物权是民事主体对物质资料的占有关系在法律上的反映，因此，物权的客体只能是物，而且只能是有体物，而不能是行为。权利只有在法律明确规定的情况下才可以成为物权的客体。

其二，物权标的物特定。如果标的物不特定化，物权人也无从对其进行直接支配，因而物权的客体必须为特定物。债权的客体为给付，对权利人而言，债权是一种能够请求债务人为一定给付的权利；对债务人而言，债务是应债权人请求而为一定给付的义务。单纯提供劳务的债，其本身足以完成给付，但交付财物、交付金钱的债，则有标的物的存在。此标的物既可以是特定物，又可以是种类物。

其三，物权的客体应是独立物。只有这样，物权人才可以对之进行直接支配，也才能用交付、登记等方式公示权利。

（三）物权是权利人直接享受物之利益的权利

这里的利益包括三个方面：一是物的归属问题。物的归属问题确定了物在法律上属于所有权人，决定了所有权人对物进行总括的、全面的支配的范围和方法。二是物的利用问题。物的利用是对物进行使用收益，享受物的使用价值，以满足权利人生产或者生活的需要。三是就物的价值而设立的债务的担保，享受物的价值利益。

（四）物权是具有排他性的权利

物权的排他性表现在三个方面：①物权人在其标的物的支配领域内，有权排除他人对物权人行使物权利的干涉，未经物权人同意，任何人均不得侵入或干涉，否则即构成违法，法律赋予物权人绝对保护的特性。②物权属于可以要求任何人对其标的物的支配状态予以尊重的权利，任何人均负有不得侵害该直接支配状态的义务。物权人可以对任何人主张其权利，故称为绝对权或对世权，此与债权不同。③任何人侵害物权时，物权人可以对其行使物上请求权，或主张追及的效力，以恢复物权应有的圆满状态，而侵害人有无故意过失，均非所问。当构成侵权行为时，物权人均可以请求损害赔偿，此与债权具有相对性。债权受侵害时仅能对债务人请求履行或请求不履行的损害赔偿，原则上对债务人以外的人不能主张。这两者显然是不同的。

物权的排他性不是财产本身所具有的属性，而是法律强行规定的。物权具有排他性，所有权具有排他性，抵押权具有排他性，而合同上的权利不具有排他性。具有排他性的权利，称为“绝对权”；没有排他性的权利，称为“相对权”。物权具有排他性，因此物权属于“绝对权”；债权没有排他性，因此属于“相对权”。

案例 1

“一房二卖情形下如何确认房产所有权”
——张某诉盛某返还原物案①

原告：张某

被告：盛某

【基本案情】

原告张某系灌水镇车谷轮泡村 2 组村民。被告盛某系长甸镇四平村 8 组村民。2004 年 11 月 7 日，王某以 2000 元的价格购买了林某位于长甸镇四平村 8 组建筑面积为 55 平方米的三间房屋以及附属物，但双方并未办理房屋过户手续。2006 年王某将该房屋推倒重建。新房建成后，王某于 2009 年 4 月 13 日办理了新房所有权证，房屋所有权证记载该房屋建筑面积为 96.6 平方米，土地使用权面积为 200 平方米，房屋所有权人为王某，但林某未办理房产证及土地使用权证注

① 国家法官学院案例开发研究中心：《中国法院 2014 年度案例　物权纠纷》，中国法制出版社 2014 年版，第 90 页。

销手续。2007 年 7 月 13 日，被告盛某（乙方）和王某夫妻（甲方）签订了购房协议书，协议主要内容为：乙方以 35000 元的价格购买甲方 91 平方米房屋，交易税由乙方负责，自 2007 年 7 月 13 日房屋产权归乙方所有，边界以房产证为准。协议中，在甲、乙双方签名下记载：新房在办理中，房产证下来归乙方接管。同日，王某为被告出具 35000 元购房款收据 1 份，并将林某房产及宅基地使用权证交给被告盛某，双方未办理房屋过户手续。被告盛某称其于两个月后入住该房，王某于 2008 年搬出该房。2009 年 4 月 20 日，原告张某（乙方）与王某夫妻（甲方）签订了房屋买卖协议书，协议书主要内容为：甲方将其坐落在长甸镇四平村 8 组的民房（面积为 96.6 平方米，土地使用面积为 200 平方米，随房附属物包含院内的所有建筑物）卖给乙方，交易价格为 30000 元；甲方必须保证该交易房屋来源合法，无权属纠纷、无抵押和转让等民事行为，房屋交接时间为 2009 年 7 月 20 日。2009 年 10 月 29 日，原告张某办理了房屋过户手续，宽甸满族自治县住房和城乡建设局为张某办理了房屋所有权证。同年 12 月 18 日，张某办理了该房土地使用证，该土地使用证记载的土地使用面积以及边界四至与原林某土地使用证记载一致。

另查明，在张某诉盛某返还原物纠纷的辽宁省丹东市宽甸满族自治县人民法院（2010）宽民一初字第 03××号案件中，庭审时王某以证人身份出庭，证实其与盛某、张某均为借贷关系，后将争议房屋卖给盛某，盛某称如果王某还上钱，盛某将房屋返还给王某。王某在 2009 年 4 月时仍在该房屋居住，盛某有钥匙，有时在该房居住。盛某为向张某借款，办完房产证后以房产证作为抵押将房屋卖给了张某，并对该房屋过户给张某的事实表示认可。

【案件焦点】

被告是否应将房屋返还给原告。

【法院裁判要旨】

辽宁省丹东市宽甸满族自治县人民法院经审理认为：无权占有不动产或者动产的，权利人可以请求返还原物。被告盛某与王某签订的房屋买卖合同，虽为有效合同，但双方签订房屋买卖合同时，王某并未办理诉争房屋产权登记，更未与被告盛某办理诉争房屋产权过户手续。因此，被告盛某并未实际取得诉争房屋的所有权。王某与被告盛某签订房屋买卖协议后，隐瞒卖房事实，又与原告张某签订房屋买卖合同。合同内明确约定，王某必须保证该交易房屋来源合法，无权属纠纷、无抵押和转让等民事行为。原告张某购买该房时，王某出示的房产证上所有权人为王某，王某夫妻均在房屋买卖协议上签字，原告张某付了购房款，其并不知道被告盛某与王某就该房屋已签订房屋买卖合同，主观上无恶意，并非与王某恶意串通，其与王某的买卖合同合法有效。《物权法》规定，不动产物权的设立、变更、转让和消灭，应当依照法律规定登记；经依法登记，发生效力，未经登记，不发生效力；依照法律规定应当登记的，自记载于不动产登记簿时发生效力；不动产权属证书是权利人享有该不动产物权的证明。原告张某已办理了房屋所有权过户手续及土地使用证，依法取得了诉争房屋的所有权。因此，对于原告的诉讼请求，本院予以支持。

辽宁省丹东市宽甸满族自治县人民法院依据《物权法》第十五条、第十七条、第三十四条、第一百零六条，《中华人民共和国民事诉讼法》（以下简称《民事诉讼法》）第六十四条之规定，判决如下：

被告盛某于本判决生效之日起十日内将诉争房屋腾出并返还给原告张某。

【案例评析】

本案中，案外人王某将同一套房屋分别卖给了本案的原告张某和被告盛某，是一个典型的一房二卖的问题。王某先与本案被告盛某签订了房屋买卖协议，之后隐瞒该情况，又与本案原告张某签订了房屋买卖协议，而原告张某对此并不知情，主观上不存在与王某串通的故意。原告张某交付了房款，并且办理了房屋过户手续和土地使用权证，《物权法》第九条规定："不动产物权的设立、变更、转让和消灭，经依法登记，发生效力；未经登记，不发生效力，但法律另有规定的除外。"第十五条规定："当事人之间订立有关设立、变更、转让和消灭不动产物权的合同，除法律另有规定或者合同另有约定外，自合同成立时生效；未办理物权登记的，不影响合同效力。"第十七条规定："不动产权属证书是权利人享有该不动产物权的证明。"本案原告张某取得了该房屋的所有权。被告盛某虽然与王某签订了房屋买卖协议，交付了购房款，但并未办理房屋过户手续，根据《物权法》第九条、第十五条、第十七条的规定，本案被告没有取得该房屋的所有权，因此其有义务将诉争房屋腾出给原告。

本案涉及的深层次问题就是物权和债权的区别问题。本案被告与案外人签订的房屋买卖协议属于买卖合同，他享有的权利属于债权，而债权不具有排他性，属于相对权，即合同上的权利只对合同当事人有效，对他人是无效的。所以，被告只能请求房屋买卖协议的相对人王某交房和办理产权过户手续。由于王某已经将房屋过户给了本案原告，所以他无法对本案被告履行义务，由此给被告造成的损失，被告可以另行提起诉讼，要求王某承担责任，返还购房款并赔偿相应的损失。

第三节　物权法的基本原则

物权法的基本原则有物权法定原则、一物一权原则和公示公信原则（在本章第五节进行阐述）。

一、物权法定原则

（一）物权法定原则的意义

1. 物权法定原则的含义

物权法定原则，又称物权法定主义，是指物权的种类及其内容等均由法律明确规定，当事人不得任意创设新物权或变更物权的法定内容。《中华人民共和国物权法》第五条规定："物权的种类和内容，由法律规定。"物权法定原则，是近代各国物权立法的一项基本原则。这里说的"法律"是严格限定的，仅指全国人民代表大会和全国人民代表大会常务委员会制定的法律，不包括国务院制定的行政法规，更不包括地方性法规和部门规章。为什么不允许地方政府规定物权的种类和内容呢？因为我国是一个统一的国家，如果这个地方搞一种物权，那个地方搞一种物权，会导致一个地方的物权种类和内容与另一个地方的物权种类和内容不同，就会影响市场交易，影响国内大市场的统一。所以物权的种类、内容必须由法律规定。

2. 物权法定原则的意义

（1）整理旧物权类型的需要。近代物权法定原则是资本主义民法针对当时十分复杂的封建土地的支配关系，以法律明确种类和内容，整理旧的权利关系，使之得以简明化。一方面限制封建物权关系的复活，另一方面限制过多复杂的权利对土地及其他财产所有权的束缚，从而实现所有权独占性及完整性。

（2）为了便于贯彻公示原则。物权与债权不同，具有独占和排他的支配性，因此有必要采取第三人确认的公示方法，使物权的存在及其变动得以透明化，否则不仅会给第三人带来无法预测的损害，而且会影响交易的安全和快捷。如果允许当事人自由创设物权种类和内容，法律对每一种当事人所创的物权提供一种相对应的公示方法并非完全不可能，但过于复杂将会带来混乱，难以达到公示的目的。因此，由法律确定物权的类型和内容，只给当事人在法律规定范围内选择的自由，即是贯彻公示原则最妥当的方法。

（3）交易安全与便捷的需要。物权是绝对权，具有对世的效力，其取得、丧失与变更应力求透明。只有物权的种类与内容法定化，财产秩序才能透明化，交易的安全与便捷才可能有保障。物权法定原则就是排斥当事人的自由。物权的种类，不能由当事人说了算，只能由法律说了算。当事人不能像订立合同那样自己发明一个物权，那是不行的。当事人不但不能创设一个物权，也不能改变物权的内容。若是改变了物权的内容，则该改变无效。

（二）物权法定的内容

1. 物权的种类法定

物权的种类由法律明文规定，当事人不得以协议的方式创设除法律规定之外的其他类型的物权（类型强制）。根据我国现行《担保法》，当事人不得创设我国《担保法》所不认可的不动产质权（不动产只能设定抵押权）。

2. 物权内容法定

物权主体的权利和义务的内容（物权权能）由法律明文规定，当事人不得创设与物权法定内容相悖的物权。

（三）违背物权法定原则的后果

如果当事人发明了一种物权，按照物权法定原则，其不具有物权的效力。我们说当事人创设的物权无效，是说法律不承认它是物权。但是，当事人创设的这个权利，虽然不具有物权的效力，它可不可以发生别的效力？

当事人如果违反物权法定原则的要求，其行为一般不发生物权效力，但法律有明文规定的除外。具体而言：

其一，物权的设立违反物权法定原则的，应属无效，不能发生物权法上的效果。但其他法律如有特别规定的，不属于违反物权法定原则，应从其规定。

其二，部分违反物权法定原则，但不影响其他部分效力的，其他部分仍属有效。例如，典权期限不得超过 30 年，但约定好过 30 年时，并非典权无效，而是可将典期缩短为 30 年。

其三，物权法上无明确规定的物权事项，应推定为禁止。当事人约定的有关物权的事项在物权法上无明确规定时，视同违反法律的强制性或禁止性规定，并应依相应的规则处理。

其四，物权的设立虽然无效，但当事人的行为符合其他法律行为的生效要件时，仍可产生该法律行为的效力。

（四）物权法定原则的缓和

社会不断发展，社会需要也不断涌现。社会经济的发展，必将带来立法之初所规定的物权类型及内容无法满足现实社会需要的结果。另外，由于物权法具有固有法性，难免在立法时将习惯法上的物权纳入规定，随着社会的发展，这些习惯法难免与社会脱节。新生的社会惯例上的物权，如不违背物权法定主义的立法目的，又有一定的公示方法，可以从宽解释物权法定主义的内容。但笔者认为，在我国，考虑到区分物权与债权的思路尚未深入人心，实践中不少人认为物权可以自由创设，审判实践中甚至将债权随意判定为物权等，现阶段甚至在今后相当长的时期内，我国应当在立法与实践中坚持实行物权法定原则。

二、一物一权原则

（一）一物一权的概念

在罗马法的规定中，一物一权中的“一物”，原则上是指物理上或客观独立、特定的一个有体物；“一权”仅指一个所有权。在现代社会的法律观念与法律实践中，“一物”是指在“法律观念上”具有特定性与独立性的一物，而不限于客观独立的一物，比如一组家具；“一权”也不再局限于所有权，而应包括所有权与其他物权在内的各种物权，其意义是强调一物之上不得并存两个以上内容、性质相抵触的物权。

（二）一物一权的内容

1. 一个物权的客体仅为一个物

根据一物一权原则，只有在作为物权的客体的物具有独立性和特定性的情况下，才能明确物权的支配范围，使物权人在客体上形成物权并排斥他人的干涉。一个所有权的客体必须且仅为一个独立物，集合物原则上不能成为一个所有权的客体，只能成为多个所有权的客体。但是，构成集合物的各个部分如果能够独立存在且具有独立的经济价值，相对于其他物而言，也可以成为独立物，在此情况下，集合物也能成为一个所有权的客体。

2. 一物的某一部分不能成立单个的所有权

按照一物一权原则，物只能在整体上成立一个所有权，一物的某一部分如尚未与该物完全分离，则不能成为单独所有权的客体。尤其是对于那些附属于主物的从物而言，其只能是主物的一部分。

3. 所有权是一种最终的支配权

所有权决定了所有权的规则只能是一物一权，即一物之上只能存在一个所有权，而不能是多重所有，一个所有权的客体仅为一个特定物。当然，这并不是说特定物的所有人不能为多人，事实上，数人对一物享有所有权，并不是指所有权本身成为多重所有权，所有权仍然是一个，只不过主体存在多人而已。一物只能设定一个所有权，从根本上说，是出于产权界定、定纷止争的需要。

4. 同一物上可以并存数个互相不矛盾的物权

同一物上不得成立两个所有权或两个在内容上相互矛盾的物权。具体来说表现在：

第一，同一物上不得存在两个所有权，即俗话说的“一物不容二主”。如果某人对某物依法取得所有权，即使另一人在事实上占有该物也不能享有法律上的所有权。某物之上虽存在法律上的所有权，但他人因占有时效或善意取得制度而取得对该物的所有权时，先前的所有权将因此而消失，并不得对抗后一个所有权。

第二，同一物上不得成立两个所有权或成立两个在内容上相互矛盾的物权。物权的排他效力并不否认在同一物上并存数个内容并不矛盾的物权，所有权与其他物权可以同时并存。同一物上也可以设定数个担保物权，我国《担保法》并不禁止在同一物上设定数个担保物权。用益物权与担保物权也可以同时并存。

案例 2

物权法中一物一权原则的适用①

原告：冯某

被告：陈某

【基本案情】

原告冯某与被告陈某原是夫妻关系，双方于2004年5月17日登记结婚。婚后双方由于性格不合，经常因生活琐事吵闹，于2007年8月27日在北京市石景山区民政局登记离婚。原告和被告于2007年8月27日签订的《离婚协议书》载明：财产处理问题（包括私有住房），双方共有的财产是位于府右街某新村××栋×号二居室商品房一套，双方为之付款766385元。双方离婚后，此房屋各得一半，南侧一间归男方，北侧一间归女方。变卖此屋，要经双方同意。婚前各方的财产，仍归其所有，婚后所购用品（包括双方的赠物）由双方协商处理，两台空调机，大的一台归女方，小的一台归男方。子女的生活用品归子女所有，由女方负责保管。2008年1月，冯某起诉到人民法院，要求确认离婚协议中有关房屋的约定无效，请求依法分割。

【案件焦点】

当事人在《离婚协议书》中对房屋的分割是否有效。

---

① 简论“一物一权”原则［EB/OL］.［2012-05-25］. https://wenku. baidu. com/view/6d78db0416fc700abb68fc4c. html.

【法院裁判要旨】

人民法院认为：《物权法》规定了一物一权的基本原则，物权是权利人依法对特定的物享有的直接支配和排他的权利。权利人要实现这些权利，就要以国家公权力的保护为后盾。国家公权力要实现对物权的保护，必须以确定物的范围和界限为前提。在一套房屋的范围和界限内只能确定一个所有权，国家对不动产实行的统一登记制度中，不允许对同一套房屋登记两个以上的所有权。所以，不动产虽然可以由两个以上的个人共有，但成套建造的单元楼房不能由两个以上的个人分别拥有该套房屋内的不同房间的所有权。原告和被告的离婚协议约定两居室房屋中南侧一间归被告所有、北侧一间归原告所有，违反了一物一权的基本原则，该约定无效。原告起诉要求确认离婚协议中的该约定无效，符合《物权法》的相关规定，应予支持。法庭在审理过程中，对一物一权的原则进行了阐释，原告和被告均同意按房屋的评估价进行重新分割。被告放弃了房屋的所有权，同意由原告支付被告补偿款48万元，对此原告也表示同意，均系双方的真实意思表示，本院予以支持。故判决如下：

一、原告和被告于2007年8月27日签订的《离婚协议书》第三条关于诉争房屋的约定无效。

二、诉争商品房一套归原告所有，原告于本判决生效后十五日内一次性补偿被告48万元。

【案例评析】

本案是《物权法》一物一权原则的法律适用。虽然《物权法》没有以具体条文的形式对一物一权原则作出明确具体的规定，但在物权的概念、《物权法》的原则、不动产统一登记制度等条文中均体现了一物一权原则。根据一物一权原则的规定，“一物”为在“法律观念上”具有特定性与独立性的一物，“一权”是指一物之上不得并存两个以上内容、性质相抵触的物权。一个物权的客体仅为一个物，一物的某一部分不能成立单个的所有权，一物之上只能存在一个所有权。在本案中，诉争房屋是一个整体的建筑物，只是一个物，由于一个物权的客体仅为一个物，那么本案的诉争房屋只能作为一个物权的客体，在本案原告和被告签订的《离婚协议书》中，双方约定房屋的南侧归被告，北侧归原告，这违反了一物的某一部分不能成立单个的所有权的规定，由于将该房屋分割成了两个部分，势必导致一物之上存在了两个所有权，这又违反了一物之上只能存在一个所有权的规定。

《物权法》对一物一权原则的规定，首先是为了避免纷争。一物之上存在多个所有权，会造成权利确认的纷争倍增，增加人民法院的工作负担。其次是为了维护物的经济价值。所有权的客体之所以以一物为限，物的一部分不能成立一个所有权，就是因为若允许一物的一部分成立一个所有权，必将造成一物的“肢解”，从而损害物的经济价值。在通常情况下，某一特定且独立的物往往具有独立的经济价值，若物的某一组成部分与物的整体发生分离，或一旦独立的物被“肢解”，不但使物的整体独立价值遭到毁损，而且各组成部分的独立存在也将失去价值。从本案诉争房屋来说，其本身即为“一物”，若将其各个房间视为“一物”，其作为一套房屋的整体经济价值将会丧失，所以各个房间不是法律上的“一物”，本案中原告和被告在离婚协议中约定的“南侧一间归男方，北侧一间归女方”，对整体的一套房屋进行了分割，由两个人分别拥有，违反了一物一权原则的规定，使房屋的整体经济价值受到贬损，所以是无效的。

第四节　物权的效力

一、物权效力的含义

（一）对物权效力的不同解释

什么是物权的效力？对此，不同学者有不同的解释。王利明在《物权法论》中认为，物权的效力实际是指物权所特有的功能和作用。梁慧星在《物权法》中认为，物权的效力指合法行为发生物权法上效果的保障力。孙宪忠在《中国物权法总论》中认为，法学上所说的物权的效力，指物权人对标的物的支配力。中国台湾学者史尚宽认为，物权的效力就是基于物权的排他性支配权的性质而发生的效力。研究物权的效力，实际上是研究同一标的物上存在数个权利时，各个权利支配物的顺序。

（二）对物权效力的理解

如何理解物权的效力？我们先来看什么是法律效力。法律效力就是表现为法律上的力。力都有作用的方向和内容，法律效力作用的方向是规范人的行为。法律效力是法律以权威的力量给予法律关系的当事人某种作用力，这种作用力，对于权利人而言，就是有权做什么，对于义务人而言，就是有义务做什么或不做什么。

从法律效力的概念，我们来看物权效力的概念。物权的效力是物权法赋予物权主体以法律之力，其具体反映为：物权人凭借法律之力有权利做什么和要求义务人做什么的程度和范围，而且这种作用力具有延展性，如果义务人妨碍物权人行使权利或侵犯其权利，法律为权利人提供了救济的作用力。从上述意义上看，物权的效力具体表现为：权利人对标的物具有支配力、排他力、优先力、追及力和请求力等。

二、关于物权的效力的观点争论

物权有多重类型，每一类物权都有其特有的效力。物权除了其特有的效力以外，基于其共同的特性，还有共同效力。正是物权的共同效力，决定了物权作为各类物权的上位概念与其他权利，尤其是与债权的不同特征。

那么，物权法赋予了物权何种共同效力呢？由于各国民法并未在条文中明示或具体列举物权有何种效力，因此学者对物权效力的理解不同，出现了物权的“一效力说”“两效力说”“三效力说”“四效力说”，或更多效力的观点。比如，孙忠宪教授将物权的效力确定为权利人对标的物的支配力。史尚宽教授则认为，物权有两个效力，即优先权效力和请求权效力。谢在全教授认为，物权有三个效力，即优先权效力、请求权效力和排他效力。王泽鉴教授认为，物权有四个效力，即排他效力、优先效力、追及效力和物上请求权效力。其他一些学者也有认为物权有三效力和四效力的，但这些效力的内容也不尽相同。

研究物权的效力，就是研究物权法的作用，确定物权法赋予权利人哪些权利效用，以及权利人如何凭借法律之力实现物权并有效地保护自己的物权。物权效力的确立不仅应从物权的本质属性出发，还应从物权法的立法宗旨、物权法的功能以及物权法的整个逻辑体系来考虑。换言之，如果该效力进入物权法的整个框架中，能够得到合理的解释，即可认为这是物权法赋予物权的效力，如果不能得到合理的解释，就得考虑它是否能够作为物权的效力了。

从这些考虑出发，我们认为物权具有支配效力、排他效力、优先效力和追及效力。

三、物权的支配效力

（一）物权支配力的含义

物权的支配力，也称物权的支配权效力，这是法律基于物权的本质赋予物权人对标的物的直接管领力。“直接支配”是物权最重要的特征，是指物权人不依赖他人的帮助，不需要征得他人的同意，完全按照自己的意志对标的物进行支配；在其支配范围内，任何人均不得干涉。物权人或所有权人完全可以按照自己的意志占有、使用、收益、处分标的物，亦即进行“直接支配”，无须他人的意志或义务人的介入，其他任何不特定的人，都要尊重物权人对标的物的支配状态。换句话说，物权人之外的任何人都负有不得侵害物权人对其标的物的支配状态的义务。这是物权的本质。所以物权被称为绝对权或对世权。在任何人侵害物权时，物权人都可以对其行使返还原物、排除妨害等请求权，即物上请求权，以恢复物权人对其标的物的支配状态。可见，物上请求权是直接基于物权的绝对性而产生的法律效力，在这一点上物权不同于债权，债权系相对权、对人权，它以请求特定债务人为给付内容。债权人仅对债务人享有权利，债务人以外的第三人对债权人不负任何义务。债权受侵害，是因为债务人不履行或不适当履行债务造成的，债权人仅能对债务人请求履行或请求不履行，不适当履行法律责任的承担，一般不能直接对债务人之外的第三人请求排除妨碍。

支配权在法律上有重要意义，和债权是相对应的。债权是请求权，物权是支配权，两者的性质不一样。但是，物权作为支配权，是人们不学自会的。没有学过物权法，没有上过法学院，不知道支配权这个法律概念，也都在实际上懂得物权的支配权性质。物权的支配性是比较好理解的，就是对财产进行事实上的控制。

对于物权的支配力，应从以下几个方面来理解：

其一，支配力的对象。物权的支配对象是物，能够成为支配对象的物，应符合法律的相关规定，并具有可支配性。

其二，支配力的形态。物权人通过占有、使用、收益或处分等权能实现对物的支配。

其三，支配力的直接性。物权人按其意愿在法律规定的范围内，直接对物行使一切可能的行为，无须借助于其他人的意思和行为。

其四，支配力的法律保障。法律承认并确定物权人对其物的“意思力”“管领力”，从而使之成为具有法律保障的支配力，即法律保护物权人正当行使对物的支配权。

（二）物权支配力的范围与程度

支配权效力对于所有权人而言，是一种无时间限制的、全面排他的对所有物进行支配的权利。当所有人具有支配权时，一切他人都不得对此物再行支配。对于限制物权人而言，法律赋予权利人在一定时间内对物有限定的支配权能，此时，限制物权人的支配权能优于所有权人对物的支配权。无论是所有权人，还是限制物权人，行使支配权应该“遵守法律，尊重社会公德，不得损害公共利益和他人的合法权益”。物权具有支配效力，意味着物权人得依自己的意志直接对客体行使占有、使用、收益及处分等支配行为，并实现其权利的内容，而无须他人的意思或行为的介入。但是，不同性质与种类的物权，其支配力的范围与程度是不同的。所有权是完全物权，具有物权的支配力；他物权是不完全物权，具有不完全的支配力。

四、物权的排他效力

（一）物权排他效力的含义

物权的排他效力是指物权之间的对抗效力，即一项物权排斥并存于同一标的物之上内容和性质与其相抵触的另项一物权，或者压制同一标的物上的其他物权而先行实现的效力。物权的排他效力包括相斥物权之间于成立上的排他效力，也包括相容物权之间于实现上的排他效力。罗马法上早已有“所有权遍及全部，不得属于二人”的法律规定，这说明，物权的排他效力，早经确认，由来已久。

（二）物权排他效力的表现

1. 所有权之间的排他效力

同一物上存在两个物权的问题，《物权法》第一百零八条规定了成立在先原则，即在同一标的物上不得成立两个所有权，某特定标的物上的所有权，被他人善意取得时，前一所有权消灭。

2. 用益物权之间的排他效力

关于用益物权之间的排他效力，《物权法》采用成立上的排他性，因用益物权以特定物的占有、使用、收益为内容，在同一标的物上不得成立两个建设用地使用权、宅基地使用权、土地承包经营权等，但可以成立两个以上内容不同或内容相同但互不排斥的地役权，在同一宗土地的“上”“下”可以成立不同范围的建设用地使用权。

3. 担保物权之间的排他效力

因担保物权以物的交换价值为内容，在同一标的物上可以设立数个抵押权。

4. 用益物权与担保物权之间的排他效力

因为用益物权的实现以占有为前提，所以用益物权与以转移标的物的占有为成立条件的担保物权不得存在于同一物，但用益物权可以与不移转担保物的抵押权并存于同一标的物。

5. 所有权与定限物权之间的排他效力

所有权与定限物权由于种类不同，可以并存于同一标的物。

五、物权的优先效力

（一）物权优先效力的含义

物权的优先效力是指物权优先于债权的效力。当在同一标的物上，既有物权，又有债权时，物权具有优先于债权的效力，即当特定的物既是物权的支配物又是债权的给付标的物时，无论物权与债权成立的先后，物权均具有优先于债权的效力。这是基于两者不同的性质产生的，即债权是通过债务人的行为间接支配物的权利，而物权是直接支配物的权利。例如，甲将手表卖给乙，但尚未交付；后来甲又将手表卖给丙，且交付于丙，因此由丙取得手表的所有权，而乙则不能。在此情形下，乙只能向甲请求不履行承担债务的责任。

（二）物权优先于债权的表现及例外规定

1. 所有权优先于债权

所有权优先于债权多发生在一物多卖的场合。例如，甲先出售房屋给乙，再出售房屋给丙，并与丙办理不动产登记。在这一场合下，按照《物权法》的规定，丙取得了房屋的所有权，乙不得以其债权产生在前而主张丙不能取得该房屋的所有权。

所有权优先于债权的例外：

（1）在对租赁物的占有、使用、部分收益的享有方面，租赁权具有对抗租赁物所有权的效力，即“买卖不破租赁”原则。为什么要规定“买卖不破租赁”来保护承租人的利益呢？这是因为第一次世界大战、第二次世界大战把一些大城市摧毁了，战后很多人流离失所，没有房子住。当他们好不容易租了一套房子，暂时解决了安身的问题，结果房主把房子一卖，新房主一下子把他们赶出去，这样做于心不忍。因此，法律上就创设了“买卖不破租赁”这一规则。这一规则也存在于《中华人民共和国合同法》（以下简称《合同法》）中。

（2）《中华人民共和国担保法》（以下简称《担保法》）第四十八条规定，使租赁权具有对抗后于自己设立的抵押权的效力，也具有对抗因此类抵押权的行使而取得的抵押物所有权的效力。

（3）《最高人民法院关于审理商品房买卖合同纠纷案件适用法律若干问题的解释》（法释〔2003〕7号）第七条第一款规定：“拆迁人与被拆迁人按照所有权调换行使订立拆迁补偿安置协议，明确约定拆迁人以位置、用途特定的房屋对被拆迁人予以补偿安置，如果拆迁人将该补偿安置房屋另行出卖给第三人，被拆迁人请求优先取得安置补偿房屋的，应予支持。”对此规定可有两种理解：其一，该第三人尚未办理该房屋的过户登记手续，仅对拆迁人享有债权。因此，该条款就确立了这样的规则——被拆迁人请求拆迁人移转安置房屋所有权的债权优先于一般债权。其二，在该第三人已经办理了该房屋的过户登记手续时，该条款就确立了如下的规则——被拆迁人的债权优先于该第三人的房屋所有权。按照后一种理解，就出现了债权优先于所有权的现象。

（4）《物权法》第二十条第一款规定：“当事人签订买卖房屋或者其他不动

产物权的协议，为保障将来实现物权，按照约定可以向登记机关申请预告登记。预告登记后，未经预告登记的权利人同意，处分该不动产的，不发生物权效力。”对此规定可以做两种解释：其一，预告登记一旦办理了，第三人就不再可能取得该不动产的所有权，也不再可能就该不动产设立抵押权，即使第三人购买该不动产且已办理了过户登记，或就该不动产设立抵押权且已经办理了抵押登记，也是如此。其二，预告登记后，第三人购买该不动产且已办理了过户登记，取得了不动产权，或者就该不动产设立抵押权且已经办理了抵押登记，享有了抵押权。不过，受让不动产的债权优先于其后产生于该不动产上的所有权、抵押权。按照第二种解释，就出现了债权优先于所有权的现象。

（5）按照《中华人民共和国海商法》（以下简称《海商法》）的规定，船长、船员和其他在编人员依法及依劳动合同产生的工资、其他劳动报酬、船员遣返费用和社会保险费用的给付请求权，在船舶营运中发生的人身伤亡的赔偿请求权，船舶吨税、引航费、港务费和其他港口规费的缴付请求权，海难救助的救助款项的给付请求权，船舶在营运中因侵权行为产生的财产赔偿请求权，因产生此类海事请求权就该船舶行使主张的，优先于船舶所有权、船舶留置权、船舶抵押权受偿。

2. 用益物权优先于债权

此处所说的用益物权的优先性，是指用益物权与债权就同一标的物在效力上发生冲突时，用益物权的效力优先。例如，甲国土资源管理局先将A宗国有土地出借给乙，后把该宗土地的建设用地使用权出让给丙，并办理了登记手续。在此情况下，甲和乙之间的出借合同关系随之终止，丙可以对乙主张物的返还请求权。

3. 担保物权优先于债权

担保物权的优先性指特定的担保物权具有优先于特定债权的效力。它表现为以下两种类型：

（1）担保物权和债权都指向了同一标的物，有的场合是担保物权的效力优先。例如《物权法》第一百九十条规定：抵押权设立后抵押财产出租的，该租赁关系不得对抗已登记的抵押权。

（2）担保物权担保的债权优先于普通债权、税收债权受清偿。

担保物权的效力有时也会弱于债权的效力，主要表现在以下几个方面：

其一，《物权法》第一百八十九条第二款规定，依照第一百八十一条的规定设立浮动抵押权的场合，抵押权人不得以该浮动抵押权对抗正常经营活动中已支付合理价款并取得抵押财产的买受人。

其二，《物权法》第一百九十条规定，订立抵押合同前抵押财产已出租的，原租赁关系不受该抵押权的影响。

其三，《中华人民共和国城市房地产管理法》（以下简称《城市房地产管理法》）第五十一条规定，设定房地产抵押权的土地使用权是以划拨方式取得的，依法拍卖该房地产后，应当从拍卖所得的价款中缴纳相当于应缴纳的土地使用权出让金的款额后，抵押权人方可优先受偿。

其四，在某特定工程设立了抵押权、承包方的工程款债权尚未实现的情况下，按照《合同法》第二百八十六条的规定，承包人的工程款债权优先于抵押权受偿。《最高人民法院关于建设工程价款优先受偿权问题的批复》（法释〔2002〕16号）进一步规定，消费者交付购买商品房的全部或大部分款项后，承包人就该商品房享有的工程价款的优先受偿权不得对抗买受人。这就明确了消费者请求开发商交付商品房并移转所有权的债权优先于承包方的工程价款优先受偿权。同时，由于工程价款优先受偿权优先于抵押权，可以说消费者对于开发商的债权优先于抵押权。

其五，《物权法》第二十条规定："当事人签订买卖房屋或其他不动产物权的协议，为保障将来实现物权，按照约定可以向登记机关申请预告登记。预告登记后，未经预告登记的权利人同意，处分该不动产的，不发生物权效力。"从该规定可知，预告登记的债权具有否定其后设立于债权标的物上的抵押权的效力。

其六，工资债权优先于担保物权。

《中华人民共和国破产法》（以下简称《破产法》）规定工人工资债权优先于担保物权。一个企业破产，它不仅拖欠了债权人的债，还拖欠了本企业工人的工资。这些工人的工资债权怎么办呢？按照《破产法》的规定，应当优先清偿工人的工资。工人的工资本属于债权，而银行的抵押权属于物权，工人的工资债权反而优先于银行的抵押权。例如，破产企业把一栋大楼抵押给了银行，按照前面讲的物权优先原则，银行的抵押权应当优先受保护，即将该设定抵押权的大楼从破产财产中"别除"出来，单独交付拍卖，让银行优先受偿。但是，工人的工资债权具有特殊性，工资债权是工人出卖劳动力换来的血汗钱，而且每个工人的工资债权数额微小，如果根据债权平等原则按债权额比例分配，他们可能分配不到一分一文，势必影响工人一家的生存。破产企业最值钱的可能就是这栋大楼，而这栋大楼已经抵押给了银行，如果让银行优先行使抵押权，将该大楼拍卖优先受偿，则企业拖欠的工人工资债权就绝无受清偿的可能。法律基于特殊保护弱者、特殊保护劳动者、特殊保护生存权的考虑，规定工人工资债权优先于银行的抵押权。从理论上来说，工人领取工资的权利属于“生存权”，而银行债权、企业债权属于经济利益，因此，我们一定不能将工人的工资与银行债权（包括银行的抵押权）、企业债权同等对待，要对其进行特殊保护。这是物权优先原则的又一个例外。

（三）物权优先于债权的实际问题

1.“一物二卖”问题

根据物权优先原则，已经办理产权过户的买受人，将优先于其他买受人取得标的物。但在实务中，有时会发生两个买受人均未办理产权过户的情况，这种情况一般按以下原则处理：①如一方合同备案，支持备案一方；②如一方属于拆迁安置补偿协议明确约定的，支持约定一方；③如一方已取得房屋的占有，支持占有一方（占有说）；④均未占有的，支持合同订立生效在先一方（时间说）。

2. 抵押权人的别除权

在抵押人破产时，抵押权人行使别除权。通过拍卖，抵押权优先于其他债权人受清偿。

3. 共有人的优先购买权与承租人的优先购买权

共有房屋出租给第三人，当其中一个共有人将其份额出卖时，将产生共有人优先购买权与承租人优先购买权到底谁更优先的问题，对此法律并无答案。但根据物权优先于债权的原则，因共有人优先购买权的基础是物权，而承租人优先购买权的基础是债权，共有人的优先购买权应当优先于承租人的优先购买权。

4. 融资租赁中出租人的取回权

如果破产财产当中有一些设备是企业采取融资租赁方式从租赁公司那里租来的，按照《合同法》的规定，这些设备的所有权属于租赁公司。租赁公司按照法律的规定，有权从破产企业的财产中取回属于自己的财产。在审理破产纠纷案件时，当某个租赁公司是债权人，它在申报债权的同时根据融资租赁合同向法院主张所有权，法院在查明事实后就会告诉租赁公司赶快派人开车把这些设备拉走，这就是出租人的“取回权”。出租人为什么可以行使取回权呢？因为它拥有所有权，所有权是物权优先于债权。

（四）物权相互之间的优先效力

1. 概述

物权相互之间的优先效力，指当相容物权并存于同一标的物上时，哪个物权的效力优先。

2. 物权相互之间的优先效力的表现

（1）他物权的效力优先于所有权的效力。在所有权和他物权之间，因为他物权可以在一定范围内支配标的物，所以他物权具有优先于所有权的效力。否则，他物权就会徒有其名。例如，建设用地使用权人有权先于土地所有权人利用土地建造建筑物并保有其所有权，土地承包经营权人可以先于土地所有权人利用土地从事农林牧渔业活动并获取收获的所有权。

（2）数个担保物权之间的优先效力。当数个担保物权并存于同一标的物上时，哪个担保物权的效力优先，需要区分情况而作判断。

其一，先设立并公示的担保物权优先于后设立的担保物权。例如，甲公司把 A 楼抵押给工商银行，于 2005 年 1 月 1 日办理了抵押登记；后又将 A 楼抵押给中国银行，于 2005 年 12 月 1 日办理了抵押登记。按照《物权法》第一百九十九条第一项的规定，工商银行的抵押权优先于中国银行的抵押权。

其二，登记的担保物权优先于未经登记的担保物权。首先，以登记作为生效要件的担保物权，未经登记时担保物权没有设立，如以建设用地使用权设立抵押权、以建筑物设立抵押权、以基金份额或股权出质、以知识产权出质、以应收账款出质，不办理登记手续，抵押权、质权均不成立（参见《物权法》第一百八十七条、第二百二十六条、第二百二十七条、第二百二十八条）。担保物权未设立，自然谈不上效力优先的问题。其次，按照《物权法》的规定，船舶、航空器、机动车辆可以设立抵押权（参见《物权法》第一百八十条第一款第五项、第六项），抵押权自抵押合同生效时设立，抵押登记只是对抗要件（参见《物权法》第一百八十八条）。假设甲把 A 船抵押给乙，只签订了抵押合同，尚未登记；后甲又将A船抵押给丙，办理了抵押登记。按照《物权法》第一百九十九条第二项的规定，丙对A船的抵押权优先于乙的抵押权。再次，按照《物权法》的规定，动产可以设立抵押权（参见《物权法》第一百八十条第一款第四项），也可以设立质权（参见《物权法》第二百零八条等），动产抵押权自抵押合同生效时设立，抵押登记只是对抗要件（参见《物权法》第一百八十八条），质权自动产交付时设立（参见《物权法》第二百二十一条）。如此，同一动产可能并存着动产抵押权和动产质权。在动产抵押权和动产质权并存于同一动产的场合，如果已经办理了抵押登记，则依《物权法》第一百九十九条第二项的规定，动产抵押优先于动产质权；如果尚未办理抵押登记，则宜按照担保权成立的先后确定抵押权抑或质权优先，或者抵押权和质权顺序相同，但须遵守"未经登记，不得对抗善意第三人"的规定。在现实生活中，抵押权未登记的，一般质权优先，因为质权移转占有担保物。

其三，抵押权登记的顺序相同、抵押权未登记场合，依据《物权法》第一百九十九条第一项、第三项的规定，按照债权比例清偿。

其四，同一动产上已设立抵押权或质权，该动产又被留置的，留置权人优先受偿（参见《物权法》第二百三十九条）。

（3）用益物权与担保物权之间的优先效力。在用益物权作为担保物权的标的物的场合，用益物权人不得对抗担保物权的效力。我们探讨用益物权和担保物权的优先效力，是指同一标的物上并存着用益物权和担保物权，哪类物权的效力优先。通说认为，先设立并公示的物权优先于后设立的物权。例如，甲公司把A楼抵押给了中国银行，于2005年8月8日办理了抵押登记，后于2006年2月5日又同乙签订了以眺望为内容的地役权，该抵押权不受影响。

（4）用益物权之间的优先效力。土地承包经营权、建设用地使用权、宅基地使用权相互之间不会并存于同一标的物上，因此也不会发生谁的效力优先的问题，但它们和地役权可能会发生效力冲突问题。《物权法》第一百六十二条规定，已经存在地役权的土地上又设立土地承包经营权、宅基地使用权的场合，地役权具有优先于土地承包经营权、宅基地使用权的效力。

六、物权的追及效力

（一）物权追及效力概说

物权的追及效力，是指物权的标的物不管辗转到什么人手中，所有权人都可以依法向物的占有人索取，请求其返还原物。任何人对此都负有不得妨碍权利人行使权利，任何人非法取得所有人的财产都负有返还义务，否则就是侵害了权利人的权利，即使是担保物权的标的物，也具有这种追及的效力。

当然，物权的追及效力并不是绝对的，在法律上确立了善意取得制度之后，物权的追及效力受到善意取得制度的限制。如果第三人取得该财产时是善意、无过失的，则取得该物的所有权，不受物权追及效力的拘束。

（二）我国《物权法》中体现物权追及效力的规定

1. 权利人对遗失物的追及

《物权法》第一百零七条规定："所有权人或者其他权利人有权追回遗失物。"也就是说，遗失物的所有权人或其他权利人有权向拾得人或者遗失物的受让人、保管人追回遗失物。

2. 权利人对拾得漂流物、发现埋藏物和隐藏物的追及

《物权法》第一百一十四条规定："拾得漂流物、发现埋藏物或者隐蔽物的，参照拾得遗失物的有关规定。"

3. 抵押权人对抵押物的追及

《物权法》第一百九十一条第二款规定："抵押期间，抵押人非经抵押权人同意，不得转让抵押财产，但受让人代为清偿债务消灭抵押权的除外。"该规定是说在抵押权设立后，抵押财产未经抵押权人同意让与他人的，抵押权不受影响，抵押权人不仅可以追及抵押物和抵押物变价处分价款，还可追及因抵押物灭失所得的赔偿金，除非受让人行使涤除权。对此《物权法》第一百九十一条第一款做出了明确的规定："抵押期间，抵押人经抵押权人同意转让抵押财产的，应当将转让所得的价款向抵押权人提前清偿债务或者提存。转让的价款超过债权数额的部分归抵押人所有，不足部分由债务人清偿。"

案例3

买卖不破租赁原则适用的例外①
——李某甲诉李某返还原物案

原告（被上诉人）：李某甲
被告（上诉人）：李某

【基本案情】

2010年11月3日，李某及毕某、李A、洪某、李B、李C、高某、李D（以下简称李某等8人）向城投兴坤公司支付购房款等费用，购买了涉案的2个商铺。2011年10月26日，李某与第三人李某乙签订了《房屋买卖合同》，约定由李某乙向李某购买上述两个商铺，总价款为22616015元。同年11月20日，第三人马某向李某出具还款承诺书，保证为李某乙向李某于2011年11月22日至12月15日还款合计22616015元。2012年1月16日，李某乙、马某与李某签订《房屋租赁合同》，约定李某乙、马某将涉案2个商铺出租给李某等八人，租赁期限为20年，自2012年1月1日起至2032年1月1日止，租金总计人民币1000万元。鉴于李某乙、马某尚欠李某等八人购房款1200万元未支付，双方同意：将李某等八人的应付租金与李某乙、马某拖欠的购房款进行部分抵扣。2012年5月16日，李某乙与李某甲签订《〈商品房买卖合同〉转让协议》，约定李某乙将涉案两个商铺的《商品房买卖合同》转让给李某甲，作价3000万元。2012年5月23日至24日，李某甲委托他人向马某及其指定的公司共计付款3000万元。2012年6月15日，马某向李某出具欠条，写明欠李某涉案商铺的购房尾款500万元。2012年7月17日，李某甲登记为涉案两个商铺的房屋所有权人，并取得房屋所有权证。诉讼中，李某甲和马某认可双方最初实为借贷关系，但双方均有马某到期不能还款则将涉案商铺出售给李某甲的意思，马某曾还过李某甲300万余元的利息。

① 国家法官学院案例开发研究中心：《中国法院2016年度案例　物权纠纷》，中国法制出版社2014年版，第77页。

2013年5月13日至20日，李某甲多次报警称其准备对涉案两间商铺进行装修时被人阻止，与李某等人发生纠纷。目前，涉案商铺内有李某等堆放的部分材料和物品。李某甲提起本案诉讼，请求判令：第一，被告停止对原告拥有产权的两间商铺房屋的侵害。第二，被告将非法存放、安置于上述两间商铺房屋的物料及人员搬出，恢复该房屋原状。第三，被告排除对该房屋的妨碍。第四，被告赔偿其侵权行为给原告造成的损失410万元。

【案件焦点】

基于债权担保而取得的租赁权是否适用“买卖不破租赁”的原则。

【法院裁判要旨】

昆明市中级人民法院经审理认为：原告李某甲与第三人马某之间虽然最初为借贷关系，但双方基于共同的意思表示，签订了《〈商品房买卖合同〉转让协议》，约定的房屋转让款项也符合当时的市场价格。其后双方履行了该合同，双方之间的借贷关系已经转化成为房屋买卖合同关系，该合同属于合法有效的合同。李某甲因此办理了涉案商铺的房屋所有权登记，成为涉案商铺合法的所有权人。被告李某主张其对涉案商铺拥有合法使用权的主要依据是其与马某、李某乙之间签订的《房屋租赁合同》，因成立时间早于李某甲与某乙红签订的合同，认为其有权在租赁期内使用涉案商铺。但从双方签订《房屋租赁合同》的原因及该合同的内容判断，该合同的实质为债权人用涉案商铺20年的使用权抵欠债权人的购房款1000万元，属于名为租赁实为“以租抵债”的合同，被告并非真正意义上的承租人，不能对抗合同双方以外的所有权人。李某甲作为涉案商铺的所有权人要求李某等停止对房屋的装修等行为、恢复房屋原状、排除妨害的诉讼请求，应当予以支持。至于李某甲要求李某赔偿其侵权行为给其造成的损失410万元，因李某等使用涉案商铺的行为具有合同依据，故对李某甲关于赔偿损失的诉讼请求不予支持。李某尚未实现的债权，以及李某甲在取得所有权后未能使用商铺的损失均可另行向第三人主张。

云南省昆明市中级人民法院依据《物权法》第九条、第十七条、第三十九条、第二百四十一条，《合同法》第二百二十九条，《民法通则》第一百三十四条，《民事诉讼法》第一百一十八条第一款之规定，作出如下判决：

一、李某停止对李某甲拥有房屋所有权的涉案商铺进行房屋装修等侵害行为。

二、李某于判决生效之日起十日内将存放、安置于涉案商铺的物品撤出，恢复房屋原状。

三、李某排除对涉案商铺的妨碍。

四、驳回李某甲的其他诉讼请求。

李某提起上诉。

云南省高级人民法院经审理认为：马某、李某乙与李某甲、李某分别存在债权债务法律关系，为清偿债务，马某、李某乙就涉案商铺先后与李某、李某甲签订《房屋租赁合同》和《〈商品房买卖合同〉转让协议》。李某甲与马某、李某乙双方最初为借贷法律关系，但双方通过签订转让协议对于马某不能按期归还借款则将涉案商铺出售与李某甲达成一致意思表示，并已实际履行，李某甲办理了涉案房屋的所有权登记，已成为涉案商铺的合法所有权人。李某与马某、李某乙之间虽然签订了书面的《房屋租赁合同》，但从合同的相关内容可知双方签订租赁合同的真实目的在于实现债权，而并非使用租赁物，该合同虽名为租赁，实为担保债权实现的合同。一审法院关于李某不能依据“买卖不破租赁原则”占有、使用涉案商铺的认定符合本案实际情况，应予维持。一审法院基于物权的效力优于债权的原则，判令李某停止侵害、恢复原状、排除妨碍适用法律正确。

云南省高级人民法院依照《民事诉讼法》第一百七十条第一款第（一）项之规定，作出如下判决：

驳回上诉，维持原判。

【案例评析】

物权具有优先于债权的效力，但法律同时也规定了物权优先于债权的例外规定。“买卖不破租赁”原则，就是物权优先于债权的例外规定，根据《合同法》第二百二十九条的规定，赋予了租赁权对抗租赁物所有权的效力，在对租赁物的占有、使用、部分收益的享有方面，租赁权具有对抗租赁物所有权的效力。在本案中，我们表面上看到的李某乙、马某先与李某等8人签订了《房屋租赁合同》，那么根据这个合同，李某等8人就对李某乙、马某的两个商铺享有租赁权，之后，李某乙、马某又与李某甲签订了《〈商品房买卖合同〉转让协议》，并且同李某甲办理了商铺的转让登记手续，李某甲成为涉案两个商铺的所有权人。如果按照《合同法》第二百二十九条的规定，那么李某等8人享有的租赁权就可以对抗李某甲的所有权了。但在本案中，我们经过仔细琢磨不难发现，李某等8人与李某乙、马某签订的《房屋租赁协议》名为租赁，实为担保债权实现的合同，所以李某等8人获得涉案两个商铺的租赁权并不是为了占有、使用，而只是为了担保债权的实现，所以李某等8人，应视为李某乙、马某的债权人，根据物权优先于债权的原则，李某等八人享有的债权不能对抗李某甲享有的所有权。综上所述，本案不适用《合同法》第二百二十九条规定的“买卖不破租赁”的原则。

第五节　物权的变动

一、物权变动的概念和形态

物权的变动是指物权的发生、转移、变更和消灭。物权的变动，就物权自身而言，是物权的运动状态；就物权的主体而言，则是主体对特定物权的得丧变更；就法律关系而言，是指人与人之间对于物的支配和归属关系上发生的变化。[①]

（一）物权的发生

物权的发生是指物权与特定主体相结合，即某一主体取得对某物的物权，又称物权的取得，包括原始取得与继受取得两种情况。

1. 物权的原始取得

物权的原始取得又称物权的固有取得或权利的绝对发生，是指非依他人既存的权利而取得物权。物权的原始取得包括三种情况：一是一物上不存在任何人的所有权，主体第一次或最初取得该物的所有权；二是一物上原存在他人的所有权，但法律对该所有权不予承认，主体依法律或国家权力强制取得；三是法律上承认原物上的权利，但新物权人不依原权利人的意志依法取得新的物权。

---

① 郭明瑞、房绍坤：《民法》（第四版），高等教育出版社2017年版，第183页。

2. 物权的继受取得

物权的继受取得又称物权的传来取得或物权的相对发生，是指基于他人既存的权利及权利人的意志而取得物权。继受取得可分为移转的继受取得与创设的继受取得。移转的继受取得简称移转取得，是指他人的物权不改变原状直接转移给继受人。移转取得的物权与原物权人的物权在性质与内容上是相同的。创设的继受取得简称设立取得或创设取得，是指在自己所有的物上为他人设立用益物权或担保物权。创设取得实际上是在一物上通过法律行为再设立一个物权，与原物权内容和性质不同，只能是他物权的取得方式。

（二）物权的转移

物权的转移是指已经存在的物权在民事主体之间的流转，即一物上的物权从一个权利人手中转移至另一个权利人手中。对前手而言，意味着物权的丧失，是物权消灭的原因，而从后手的角度来看，就是物权的继受取得。

（三）物权的变更

广义的物权的变更包括物权的主体、客体与内容等要素中的一项或数项的变更。主体变更，是指物权移转和主体人数的变化。主体人数变化，有的是由少数变成多数，如单独所有变为共有，一人的遗产由数人共同继承；有的是由多数变成少数，如共有变成单独所有。客体变更，是指标的物在量上有所增减，如所有权的客体因附合而增加，抵押权的客体因部分损坏而减少。内容变更，是指物权的内容有所改变，如建设用地使用权存续年限的延长或缩短，土地承包费的调整，抵押权位序的升降，以及动产抵押权因登记而具有对抗善意第三人的效力。通常所说的物权变更仅是就狭义而言的，是指物权客体与内容的变更，而不包括物权主体的变更。我国《物权法》将物权的变更和转让、消灭并列，说明其采用的是狭义的物权变更的概念。

（四）物权的消灭

物权的消灭是指物权与其主体相分离的现象。对于物权主体来说，就是物权的丧失。

物权的消灭分为绝对消灭与相对消灭。物权的绝对消灭是指权利人的物权消灭，且他人也不能取得该物权，它又可以分为两种情况：①物权因其标的物客观地不复存在而终局地归于消灭。比如标的物的灭失。②标的物虽未消灭，但物权本身终局地消灭，他人并未因此而取得权利。例如，甲将其一本书抛弃，因抛弃丧失了该书的所有权，乙发现后占有该书并因此取得了所有权。不过，乙对于该书的所有权是一个新的所有权，并不是原来的所有权。物权的相对消灭是指物权虽与原主体分离，但又与另一新主体相结合。例如，因买卖发生了物权的转移。严格来说，物权的相对消灭只是物权主体的变更，物权仍然是存在的，所以它并非真正的物权消灭。

二、物权变动的原因

（一）民事行为

引起物权变动的民事法律行为包括单方行为与双方行为。单方行为如物权的抛弃、遗赠、遗嘱等；双方行为如设立、变更及转让物权的合同。有些场合，仅仅有法律行为本身还不能引起物权变动，按照《物权法》的规定，在动产物权变动的场合，需要法律行为生效加上动产的交付才能引起物权的变动（《参见物权法》第二十三条）；在建设用地使用权、房屋所有权变动的场合，需要法律行为生效加上登记才会引起物权的变动（参见《物权法》第九条第一款、第十四条等）；在土地承包经营权场合，因设立、转让需要法律行为生效（参见《特权法》第一百二十七条第三款），登记仅为对抗善意第三人的要件。

（二）事实行为与事件

事实行为，如商品的生产与制造、先占等；事件，如物权人的死亡。

（三）行政行为或法院的判决

公法上的行政行为或司法行为也可以引起物权的变动，如征收或征用、法院的判决等。

三、物权变动的模式

基于非法律行为发生的物权变动，不以公示为生效要件。基于法律行为发生的物权变动是否以公示为生效要件，不同立法采取了不同模式，一般有债权意思主义、物权形式主义、债权形式主义和多元混合模式四种。

（一）债权意思主义

所谓债权意思主义，是指仅凭当事人的意思而成立的买卖、赠与、互易、抵押等合同或单独行为生效，即发生物权变动的效力，无须其他物权行为。其主要的规范模式有两个：第一，买卖合同等生效时，标的物的所有权即刻转移。英国法为典型。第二，买卖合同等生效时，标的物的所有权即刻移转，但非经登记或交付不得对抗善意第三人。法国法和日本法采用此模式。我国《物权法》关于土地承包经营权的变动和地役权的变动等，也采用了这种模式。

（二）物权形式主义

物权形式主义主要以德国为代表，我国台湾地区民法也采用这种模式。物权形式主义认为，当事人就以物权变动为内容的债权契约达成合意的法律行为为债权行为，但此债权行为的效力只是契约当事人负担履行契约的义务，对物权的变动不发生影响。当事人只有重新达成变动物权的合意并进行公示（交付或登记）时，方可发生物权变动的效果。该物权变动合意和公示统称为物权行为。由于债权行为和物权的变动没有必然联系，因而采用无因性原则，即物权变动的效力仅取决于物权行为的效力，不受债权行为效力的影响。

（三）债权形式主义

债权形式主义，是指物权变动效力的发生，不仅需要依当事人的意思而成立的买卖、赠与、抵押等合同或单独行为的生效，而且需要登记或交付，但无须其他物权行为。奥地利、瑞士、韩国采用此种模式。我国《物权法》关于建筑物所有权的移转、建设用地使用权的变动，关于不动产抵押权、在建工程抵押权的设立，关于动产质权的设立，关于权利质权的设立都采用的是这种模式。

（四）多元混合模式

多元混合模式，即区分不同情况分别采取相应的物权变动模式。

1. 公示为生效要件主义

（1）交付为成立要件主义或交付为生效要件主义。《物权法》第二十四条关于船舶、航空器和机动车辆等作为标的物的物权变动场合将登记作为对抗第三人要件的规定，并不是对《物权法》第二十三条规定的交付为动产物权变动的生效要件主义的否定，只是对效力和范围的补充，即此类物权变动仍是以交付为生效要件的，而不是以登记为生效要件。也就是说，如果转让人向受让人交付了船舶、航空器或机动车辆，即使没有登记，物权也发生了变动，只是不能对抗善意第三人；反过来，转让人没有交付船舶、航空器或机动车辆，即使办理了物权登记，受让人仍未取得其物权。

（2）登记成立要件主义，或者称登记生效要件主义，即不动产物权的设立、变更、转让和消灭，应当登记；未经登记，不发生物权效力；物权变动发生效力的时间为记载于不动产登记簿之时。但存在以下例外情形：第一，《物权法》第二十九条规定，因继承或者受遗赠取得物权的，自继承或者受遗赠开始时发生效力。第二，《物权法》第一百八十二条规定，建筑物与其占用范围内的建设用地使用权一并抵押，即使当事人没有约定，也未办理变更登记，未抵押的财产也视为一并抵押。第三，不动产抵押权随着担保债权的转让而转让，即使尚未办理变更登记也是如此。不然就会出现债权已由受让人取得，而担保债权实现的抵押权却遗留在转让人之手了。这不符合我国现行法律规定的抵押权从属于被担保的主债权的理论。不过，未经变更登记，不得对抗善意第三人。第四，土地承包经营权、地役权的设立无效登记。

2. 登记为对抗要件主义

《物权法》关于船舶、航空器、机动车等物权的变动，关于土地承包经营权的变动，关于地役权的变动，关于以生产设备、原材料、半成品、正在建造的船舶、航空器设立抵押权的，关于浮动抵押权的设立，都采取了登记对抗要件主义。

四、物权变动的公示公信原则

（一）公示原则

1. 公示原则的意义

物权公示是指以一定的公开的、外在的、易于查知的形式展示物权存在和变动的情况。物权公示原则是指当事人必须以法定的公示方式展现物权变动的事实；否则，不能发生物权变动的效力。

物权是具有支配性、对世性及排他性效力的权利，物权的变动如不能以一定方式公开、透明，则既不利于明确物权人的权利并对此加以保护，也不利于维护善意第三人的利益，难免对交易安全造成极大妨害。因此，物权公示原则对于维护物权秩序和交易安全具有极为重要的意义。

2. 物权公示的方法

《物权法》第六条规定："不动产物权的设立、变更、转让和消灭，应当依照法律规定登记。动产物权的设立和转让，应当依照法律规定交付。"

按照《物权法》的规定，动产物权的变动以交付为其公示方法，不动产物权的变动以登记为其公示方法。基于法律行为的动产物权变动，以交付为生效要件，除非法律另有规定。基于法律行为的不动产物权变动，以登记为生效要件，除非法律另有规定。

法律另有的规定的情况主要有：《物权法》第一百二十九条规定土地承包经营权人将土地承包经营权互换、转让，当事人要求登记的，应当向县级以上地方人民政府申请土地承包经营权变更登记；未经登记，不得对抗善意第三人。《物权法》第一百五十五条规定：已经登记的宅基地使用权转让或消灭的，应当及时办理变更登记或注销登记。《物权法》第一百五十八条规定：地役权自地役权合同生效时设立。当事人要求登记的，可以向登记机构申请地役权登记；未经登记，不得对抗善意第三人。

3. 公示的效力

物权公示的效力，主要是指决定物权的变动是否发生或能否对抗第三人的效力，即所谓物权公示的形成力或对抗力。

《物权法》第九条第一款规定："不动产物权的设立、变更、转让和消灭，经依法登记，发生效力；未经登记，不发生效力，但法律另有规定的除外。”《物权法》第二十三条规定：“动产物权的设立和转让，自交付时发生效力，但法律另有规定的除外。”在公示原则的适用中，未经登记或交付，只是物权变动不能发生，但不能因此而否定合法订立的合同的约束力。《物权法》第十五条规定：“当事人之间订立有关设立、变更、转让和消灭不动产物权的合同，除法律另有规定或者合同另有约定外，自合同成立时生效；未办理物权登记的，不影响合同效力。”如前面我们提到的“一房二卖”的问题，虽然只有一个主体可以获得物的所有权，但合同都是有效的。

（二）公信原则

所谓公信原则，是指物权的变动以登记或者交付为公示方法，当事人如果信赖这种公示方法而为一定的行为，即使公示的物权状态与真实的物权状态不相符合，也不能影响物权变动的效力。

公信原则包括以下两个方面的内容：其一，记载于不动产登记簿的人推定为该不动产的权利人，动产的占有人推定为该动产的权利人，除非有相反的证据证明。其二，凡善意信赖公示的表象而为一定的行为，在法律上应当受到保护，保护的方式就是承认此行为所产生的物权变动的效力。

物权的变动以登记和交付为公示方法，当事人如果信赖这一公示而为一定的行为，事后即使公示的物权状态与真实的物权状态不符，也不影响物权变动的效力。这就是公信原则的基本要求。

《物权法》规定公信原则的目的在于保护交易的安全，稳定社会经济秩序，但不可避免会牺牲真正权利人的利益。这是法律从促进社会经济发展以及在权利享有人个人利益与社会利益之间进行均衡、选择的结果。采用公信原则，可以保护交易安全和善意第三人，但可能以牺牲真正权利人的利益为代价。

五、不动产物权变动要件——登记

（一）不动产登记的意义

不动产登记是指登记机关根据当事人的申请并经审查，对不动产物权的设立、变更、转移、消灭等事项登录记载于特定簿册的事实。不动产登记不仅是国家对不动产进行行政管理、课征赋税等的依据，也是公示物权状况、警示交易风险、维护不动产交易安全的有效措施，是不动产物权获得法律承认和保护的基本依据。

（二）登记机构及其职责

物权法规定了物权公示原则，不动产物权变动以“登记生效”为原则，以“登记对抗”为例外。不动产登记制度非常重要。如果没有一个完整的、科学的不动产登记制度，即便颁布了物权法，也很难发挥作用。因此，不动产登记的基本原则、基本制度要规定在物权法上，在物权法之外还应单独制定一个不动产登记法或者不动产登记条例。不动产登记法或不动产登记条例，是附属于物权法的，是物权法的附属法。

现实生活中存在许多不动产登记机构，进行多头登记，各自为政，这是不正常的，因此必须把不动产登记机构统一起来。另外，有的登记机关，借登记牟取不当利益，如办理抵押登记时按照抵押物评估价值收取登记费，甚至规定抵押登记有效期，期满再登记、再收费，社会各界对此意见很大。不动产登记虽由国家设立的登记机关办理，但性质上属于“服务行政”，与行政管理权时行使无关，不能异化为一种“权限”并用来牟利。因此，制定物权法，不仅要解决不动产登记机构的统一问题，还要解决不动产登记机构与行政管理权分离的问题，建立一个统一的、与行政管理分离的不动产登记机构和登记制度。

基于上述考虑，《物权法》第十条明确规定：“不动产登记，由不动产所在地的登记机构办理。国家对不动产实行统一登记制度。统一登记的范围、登记机构和登记办法，由法律、行政法规规定。”《物权法》第十三条规定：“登记机构不得有下列行为：（一）要求对不动产进行评估；（二）以年检等名义进行重复登记；（三）超出登记职责范围的其他行为。”《物权法》第二十二条规定：“不动产登记费按件收取，不得按照不动产的面积、体积或者价额的比例收取。具体收费标准由国务院有关部门会同价格主管部门规定。”因登记错误，给他人造成损害的，登记机构应当承担赔偿责任。登记机构赔偿后，可以向提供虚假材料申请登记造成登记错误的当事人追偿。

（三）不动产登记与权属证书

《物权法》第十四条规定：“不动产物权的设立、变更、转让和消灭，依照法律规定应当登记的，自记载于登记簿时发生效力。”不动产登记簿是物权归属和内容的根据，由登记机关管理。不动产权属证书是权利人享有该不动产物权的证明。不动产权属证书应当与不动产登记簿一致，不一致的，以不动产登记簿为准。

（四）不动产登记的类别

不动产登记种类繁多，包括总登记、初始登记、移转登记、变更登记、更正登记、异议登记、预告登记、注销登记、消灭登记。

1. 总登记

总登记是指对特定行政管辖区域内的所有不动产所进行的全部登记，包括土地总登记和建筑物所有权的第一次登记。其中，土地总登记是指在一定时间内对辖区内全部土地或者特定区域内土地进行的全面登记。其根本目的在于建立完整、清晰的不动产产籍产权制度，通过登记实现对不动产的行政管理，健全适合市场需求的公示及公信制度，以维护交易安全。

2. 初始登记

初始登记是指土地总登记之外对设立的土地权利进行的登记，以及对建筑物的首次登记。所以，对新增土地、新建房屋或遗漏登记的不动产所进行的登记，必然是初始登记。《物权法》规定的出让建设用地使用权、设立地役权、设立宅基地使用权等场合的登记，《房屋登记办法》规定的合法新建房屋的登记，将属于初始登记。初始登记是登记部门对因事实行为取得所有权的承认，该登记不属于物权变动的公示。

初始登记和总登记虽然有时有所重合，但两者不是同一个概念，因为总登记可以是在特定时期整理以前不完善的不动产的登记，这样的总登记不是初始登记。但两者也有共同之处，不动产总登记和初始登记都是不动产登记的基础和开端，是其后进行的系列登记的起点，都属于对不动产权利的静态登记。

3. 移转登记

移转登记俗称过户登记，是指不动产物权从转让人移转到受让人时所办理的登记。我国《物权法》没有单独规定移转登记，而是把其作为变更登记来对待。

《房屋登记办法》将移转登记作为独立的登记类型，符合交易实际和交易习惯，也和许多国家和地区的立法相一致，可以为未来《民法典·物权编（草案）》的制定提供借鉴。

4. 变更登记

我国对不动产的变更登记，没有形成统一的规定。《房屋登记办法》规定了房屋的变更登记，主要包括以下内容：①房屋所有权人的姓名和名称变更的；②房屋坐落的街道、门牌号或房屋名称变更的；③房屋面积增加或减少的；④同一所有权人分割、合并房屋的；⑤法律、法规规定的其他情形。

我国物权法规定的不动产变更登记，包括不动产权利的分割、合并、设立和增减时所为的登记以及不动产权利的移转登记，也就是因为物权人名称变更或者物权标的物发生变化，而需要对登记簿记载的相关内容作相应更改的登记。

5. 更正登记

更正登记是指当事人认为登记有错误时申请更正或登记机关发现有登记错误时依职权所进行的登记更正。《物权法》第十九条规定："房屋登记簿记载确有错误的，应当予以更正；需要更正房屋权属证书内容的，应当书面通知权利人换领房屋权属证书；房屋登记簿记载无误的，应当不予更正，并书面通知申请人。"更正登记的目的是通过对登记簿上不正确登记的更正，使登记所昭示的权利状态符合真实的权利状态，进而避免真实的权利人因登记错误受到损害。

更正登记的请求权人，是真实的权利人及其利害关系人。这里的利害关系人，包括真正权利人的债权人、继承人、配偶等。土地权利人认为土地登记簿记载的事项有错误的，可以持原土地权利证书和证明登记错误的相关材料，申请更正登记。利害关系人认为土地登记簿记载的事项有错误的，可以持土地权利人书面同意更正的证明文件，申请更正登记。权利人、利害关系人认为房屋登记簿记载的事项有错误的，可以提交下列材料申请更正登记：登记申请书、申请人的身份证明、证明房屋登记簿记载错误的材料。利害关系人申请更正登记的，还应当提供权利人同意更正的证明材料。如果真实的权利人及其利害关系人没有申请更正登记，登记部门发现不动产登记簿的记载有错误的，可依职权直接进行更正登记。

更正登记的前提是不动产登记簿所记载的权利关系与事实的权利关系不一致，且源自登记簿记载的事项错误。这里的错误包括记载的事项有遗漏。

仅有更正登记的申请，登记机关不得直接对不动产登记簿的记载进行更正，只有不动产登记簿记载的权利人书面同意更正或者有证据证明登记确有错误的，登记机关才有义务予以更正。但如果是登记机关直接进行更正登记的，不需要登记簿记载的权利人的同意。

6. 异议登记

所谓异议登记，是指在不动产登记簿记载的事项有错误的情况下，把真实的权利人及其利害关系人对不动产登记簿记载的权利所提出的异议记入登记簿，使登记簿记载的权利失去正确性推定的效力，第三人也不得主张依据登记的公信力受到保护。

《物权法》第十九条第二款规定：不动产登记簿记载的权利人不同意更正的，利害关系人可以申请异议登记。异议登记期间，未经异议登记权利人同意，异议登记涉及的土地，房屋不得变更登记或者暂缓办理。可见，异议登记是对真实权利人的保护，但这种保护是临时性的，因为它也会导致不动产交易陷入一种不稳定的状态。为使因异议登记所带来的不稳定状态早日恢复正常，法律必须对异议登记的有效期间作出限制。《物权法》第十九条第二款同时规定：登记机关予以异议登记的，申请人在异议登记之日起 15 日内不起诉，异议登记失效。之所以作出限制，一是为了保护登记簿权利人的利益和正常的交易秩序，二是为了敦促申请人积极行使权利，如果申请人不积极行使权利，法律就认为没有对其进行特别保护的必要了。异议登记不当，造成权利人损害的，权利人可以请求申请人承担损害赔偿责任。

7. 预告登记

预告登记是指为保全一项以将来发生不动产物权变动为目的的债权请求权而作的登记。《物权法》第二十条规定：“当事人签订买卖房屋或者其他不动产物权的协议，为保障将来实现物权，按照约定可以向登记机构申请预告登记。预告登记后，未经预告登记权利人同意，处分该不动产的，不发生物权效力。预告登记后，债权消灭或者自能够进行不动产登记之日起三个月内未申请登记的，预告登记失效。”

预告登记保全的，大多数为引起物权变动的债权，少数情况下也有物权。

在司法实践中，可以适用预告登记的情形主要有：

(1) 买受人甲和出卖人开发商乙签订了 A 商品房预售合同，甲请求乙移转商品房的占有和所有权的债权。

(2) 开发商甲和国土资源管理部门乙签订了 A 宗建设用地使用权出让合同，

甲请求乙移转A宗建设用地使用权的债权。

(3) 房屋买卖、互易、赠与等引发所有权转让场合，受让人请求转让人移转房屋所有权的债权。

(4) 预购商品房设立抵押权和以房屋设定抵押权的场合，如果不具备办理抵押登记的条件，也可以允许债权人办理预告登记。

(5) 土地承包经营权、地役权等物权设立的场合，即使设立合同生效即产生了物权，但由于办理本登记的条件尚不具备等原因，应允许物权人办理预告登记。

预告登记的意义重大，为债权向物权的转化提供了顺畅的通道，也为强化某些效力不够强大的物权的效力提供了一种途径，是预告登记得以展开的准备阶段。

有权申请办理预告登记的人，即预告登记权利人，是上述法律关系中的权利人。例如，在情形（1）、情形（2）中，甲就是预告登记权利人。

对符合预告登记条件的，登记部门应当将相关事项记载于土地登记簿，并向申请人颁发预告登记证明。

预告登记权利人申请登记部门办理预告登记，按照《物权法》第二十条第一款的规定，必须按照商品房买卖合同或其他不动产物权的协议的约定，当事人双方共同申请办理预告登记，或一方当事人积极协助，最为顺畅。

预告登记的效力在于：第一，债权一经预告登记就具有否定其后于债权标的物上成立的物权的效力，未经预告登记的权利人同意，出卖人或转让人处分该不动产的，不发生物权的效力。比如在情形（1）中，买受人甲申请了预告登记之后，开发商乙把A商品房出卖给丙或抵押给丁，即使办理了过户登记或抵押登记，也不发生A商品房所有权的转移或抵押。第二，物权一经预告登记就强化了自身的法律效力，能够对抗第三人。第三人很难以不知也不应知某特定标的物上存在着物权为由予以抗辩。

预告登记以后，未经预告登记的权利人书面同意，处分该房屋申请登记的，房屋登记机关应当不予办理。预告登记期间，未经预告登记权利人同意，不得办理土地权利的变更登记或土地抵押权、地役权登记。

预告登记后，债权消灭或自能够进行相应的房屋登记之日起3个月内，当事人申请房屋登记的，房屋登记机构应当按照预告登记的相关事项办理相应的登记。如果未在该期间办理的，预告登记失效。

8. 注销登记

注销登记又称涂销登记，是指在不动产他项权利因抛弃、混同、存续期间届满、债务清偿、法院判决等原因消灭时，不动产登记部门基于登记名义人的申请注销不动产权利的登记。比如，抵押权主债权清偿，注销抵押权登记；离婚，房产证共有变成单独所有。注销登记规定在《土地登记办法》和《房屋登记办法》，《物权法》没有规定。

9. 消灭登记

消灭登记是指不动产灭失，其所有权及他项权利归于消灭所为的登记。消灭登记会导致物权的绝对消灭。

六、非基于法律行为产生的不动产物权的变动

《物权法》第二十八条至第三十条规定了非基于法律行为产生的不动产物权的变动，明确了因人民法院、仲裁委员会的法律文书、人民政府的征收决定、继承、合法建造房屋等法律事实而引发的不动产物权变动，不待登记即可发生法律效力。

（一）因法院（仲裁机构）的法律文书生效导致的不动产物权变动

《物权法》第二十八条规定，因人民法院、仲裁委员会的法律文书，导致物权设立、变更、转让或者消灭的，自法律文书生效时发生效力。

需要注意的是，《物权法》第二十八条规定的法律文书仅限于形成判决，不包括给付判决。也就是说，当事人行使形成权所产生的判决生效时，直接发生物权变动的效果，但是，当事人行使请求权所产生的判决生效时，不能直接发生物权变动的效果。

例 1 甲遭受乙的胁迫将一辆汽车出售给乙，汽车交付半年后，甲起诉撤销该买卖合同，法院判决撤销甲、乙之间的买卖合同。在此例中，甲行使的撤销权属于形成权，因此，自法院判决生效时，乙对汽车的所有权消灭，甲取得汽车的所有权。

例 2 甲、乙签订汽车买卖合同，约定甲将一辆汽车出卖给乙，交付日期为 2008 年 3 月 1 日。由于甲迟迟不交付汽车，乙起诉至法院，法院判决支持乙的诉讼请求。在此例中，由于乙行使的是债权请求权，所以判决生效时，乙尚不能取得汽车的所有权，乙依然自甲交付汽车时才能取得所有权。

（二）因人民政府的征收决定等行政命令导致的不动产物权变动

《物权法》第二十八条规定，因人民政府的征收决定等，导致物权设立、变更、转让或者消灭的，自人民政府的征收决定生效时发生效力。

征收是指国家依照法律规定的权限和程序强制地将集体所有或私人所有的财产征归国有的制度。收征属于行政法律关系，而非民事法律关系。但它直接导致被征收人丧失被征收财产的所有权及有关物权，国家取得被征收财产的所有权。在我国现行法律上，征收有两类：第一类是为了公共利益的需要，国家依照法律规定的权限和程序实施的征收。这种征收是为了公共利益，所以被征收人有容忍义务，必须服从征收的决定，对于因征收而遭受的损失，被征收人享有请求足额补偿的权利（《物权法》第四十二条第一款、第二款，第一百一十二条，第一百三十二条均有规定）。第二类并非为了公共利益，把集体所有的土地作为建设用地，兴办国有企业、私营企业、合资企业、建造商品房等性质的建筑物，按照《中华人民共和国土地管理法》《中华人民共和国城市房地产管理法》等法律、行政法规的规定，必须先将集体所有的土地征收为国有，国土资源管理部门再把建设用地使用权出让给开发商等用地单位。这种征收，被征收人无容忍义务，可以拒绝被征收。

（三）因继承或受遗赠等导致的不动产权变动

《物权法》第二十九条规定，因继承或者受遗赠取得物权的，自继承或者受遗赠开始时发生效力。也就是说，当被继承人生理死亡或者被宣告死亡时，法定继承人对遗产形成共同共有，遗嘱继承人与受遗赠人取得继承或受遗赠遗产的单独所有权。遗产为不动产的场合，即使尚未办理变更手续，也获得了所有权。受遗赠取得的物权，应属于基于法律行为的物权变动。

（四）因合法建造等事实行为成就导致的不动产权变动

《物权法》第三十条规定，因合法建造、拆除房屋等事实行为设立或者消灭物权的，自事实行为成就时发生效力。

合法建造房屋为事实行为，而非法律行为，所以，因合法建造房屋而取得房屋的所有权属于原始取得，不同于因法律行为而取得的物权，不以登记为要件，只要建造建筑物的事实行为成就，建造人即取得房屋的所有权。

这里的事实行为成就，指的是房屋建成之时。在实务操作中，建筑物封顶即视为建成。合法建造房屋如何理解？①建造人依法取得了基地的建设用地使用权或宅基地使用权、集体土地使用权、集体土地所有权。②建造人依法取得建设用地规划许可证、建设工程规划许可证、开工许可证、建设用地批准通知书等。违法建筑物不得归建造人所有。

《物权法》第三十一条规定，依照本法第二十八条至第三十条规定享有不动产物权的，处分该物权时，依照法律规定需要办理登记的，未经登记，不发生物权效力。该条文具有两层含义：

第一，依照《物权法》第二十八条、第二十九条、第三十条取得不动产所有权的，所有权的取得人如果没有进行初始登记或者过户登记，其虽已取得不动产所有权，但其所有权的“处分权受到限制”，即“登记以前，不得处分”。这样规定的目的在于明晰交易关系，减少纠纷的发生。例如，甲与乙离婚时，法院判决甲、乙共有的房屋（登记在甲的名下）归乙所有。根据《物权法》第二十八条的规定，判决生效之日，乙取得该房屋的所有权，无须办理过户登记。但是，乙将该房屋登记在自己名下之前，不得对该房屋进行处分，即乙的所有权中的处分权受到限制。

第二，依照《物权法》第二十八条、第二十九条、第三十条规定享有不动产物权的，处分该物权时，依照法律规定需要办理登记的，未经登记，不发生物权效力。这其实是《物权法》第九条规定的重现，旨在强调基于法律行为的不动产物权变动原则上以登记为生效要件。

七、动产物权的变动要件——占有与交付

（一）动产的占有与交付的意义

依一般生活观念和交易习惯，现实占有某物的，推定为权利人。动产物权的变动也以标的物的现实交付为外观。《物权法》第二十三条规定，动产物权的设立和转让，自交付时发生效力，但法律另有规定的除外。《物权法》第二十四条规定，船舶、航空器和机动车等物权的设立、变更、转让和消灭，未经登记，不得对抗善意第三人。由此可知，动产物权变动的要件是交付，但对于船舶、航空器和机动车等价值较大的动产，法律适用登记对抗要件，即交付可以发生物权的变动，但只有进行登记，才具有对抗效力，所以可以将这类价值较大的动产视为准不动产。

（二）交付的一般形态——现实交付

1. 概念

现实交付又称直接交付，是指一方将物的直接占有转移给另一方的行为。必要的单证应同时交付，不交付不影响物权变动的生效。现实交付又分为委托交付与拟制交付。委托交付是指让与人根据约定将动产交付给承运人或邮局的交付方式。拟制交付是指让与人将代表标的物权利的有效凭证交付给受让人，交付即完成的交付方式。

2. 要件

直接占有发生移转；受让人接受直接占有，双方具有交付的合意。对于需要运输的动产，按照《合同法》第一百一十四条的规定，在买卖合同中，如果当事人“没有约定交付地点”又不能协商确定且货物“需要运输”的，则出卖人将标的物交付第一承运人时，即在出卖人和买受人之间完成了现实交付。此时，视第一承运人为买受人的占有辅助人。

（三）交付的变通形态——观念交付

观念交付是指在特殊情况下，法律允许当事人通过特别的约定采用变通的或观念上的方法转移标的物权利的交付方式。对于观念交付需要注意两点：①原则上，现实交付与观念交付在物权变动中的效力是一样的，并无区别。②《最高人

民法院关于适用〈中华人民共和国担保法〉若干问题的解释》（以下简称《担保法解释》）第八十条规定，占有改定不能设立质权；根据民法理论，占有改定不发生动产善意取得。

1. 简易交付

（1）概念。简易交付又称在手交付或先行占有，是指动产物权的受让人已因其他关系先行占有了标的物，尔后双方又达成了物权变动的合意，因而不必再行交付，物权变动自合同生效时发生。比如先借后买的情况。《物权法》第二十五条规定，动产物权设立和转让前，权利人已经依法占有该动产的，物权自法律行为生效时发生效力。

（2）要件。①双方旨在实施某种法律行为，即移转或者设立物权（如履行买卖合同、设立质权）。②动产物权转让或设立前，权利人（如买受人、动产质权设立时的债权人）已经直接占有了该动产。③法律行为（如买卖合同、质押合同）生效。法律行为生效时，视为完成交付。

2. 指示交付

（1）概念。指示交付又称长手交付、替代交付或返还请求权的让与，是指当标的物由第三人占有时，让与人将对该第三人的返还请求权让与给受让人并通知占有人，以代物的实际交付。例如，保管之物。《物权法》第二十六条规定，动产物权设立和转让前，第三人依法占有该动产的，负有交付义务的人可以通过转让请求第三人返还原物的权利代替交付。

（2）要件。①在移转或者设立动产物权时，第三人直接占有该动产。②负有交付动产义务者对直接占有动产的第三人享有返还原物请求权。③负有交付动产义务者将对第三人的返还原物请求权让与相对人。④负有交付义务者向直接占有人发出通知，且通知到达直接占有人。

《担保法解释》第八十八条规定："出质人以间接占有的财产出质的，质押合同自书面通知送达占有人时视为移交。占有人收到出质通知后，仍接受出质人的指示处分出质财产的，该行为无效。"

3. 占有改定

（1）概念。占有改定是指出让动产时，出让人仍有必要继续占有该项动产的，可以与受让人另行约定由其实际占有该动产而使受让人取得间接占有，以代替实际交付的情形。例如，卖出租回、卖出借用、保管、加工承揽等。《物权法》第二十七条规定，动产物权转让时，双方又约定由出让人继续占有该动产的，物权自该约定生效时发生效力。

（2）要件：①让与人与受让人具有移转标的物所有权的合意。主要是基于买卖合同、赠与合同移转所有权。②让与人与受让人又达成了借用、租赁、保管等协议。③基于约定，让与人继续直接占有标的物，受让人取得标的物的间接占有。

（3）占有改定适用范围的限制。占有改定不能作为设立质权的交付方式。占有改定不能作为动产所有权善意取得的交付方式。

案例 4

经登记的不动产物权发生争议，如何确定其权属①

——天津市 A 商贸有限公司诉杜某所有权确认案

原告：天津市 A 商贸有限公司（以下简称 A 商贸公司）

被告：杜某

【基本案情】

杜某是 A 商贸公司原法定代表人杜某甲之长子。A 商贸公司用其经营中应获得的利润分别于 2003 年 11 月 27 日、2014 年 5 月 28 日购买了位于河北省承德市双桥区北兴隆西区 11 号楼×单元×号住宅房一套及 2 号楼×号商业用房一套。商贸公司当时为了办理相关手续的便利，由时任法律代表人杜某甲取得杜某的个人相关证件，签订上述商品房买卖合同时，买受人载写杜某名下并以杜某的名义办理了房屋所有权登记，杜某并未亲身参与上述行为。房屋交付后一直由 A 商贸公司占有、使用、收益，房屋的所有权证、土地使用证及购房的一切票据、相关材料均是由 A 商贸公司持有。现 A 商贸公司起诉请求确认诉争房屋所有权归 A 商贸公司并判令杜某协助 A 商贸公司办理产权变更过户手续。

杜某主张：第一，本案诉争房屋已经登记在其名下，根据物权法定和公示公信原则，两套房屋归其所有，A 商贸公司提起的确权之诉无法律根据。第二，其

---

① 国家法官学院案例开发研究中心：《中国法院 2015 年度案例　物权纠纷》，中国法制出版社 2015 年版，第 82 页。

购房资金来源于其父杜某甲在任法定代表人期间向其赠与了公司享有的债权（A商贸公司所述应为经营利润），其以该债权冲抵了房款，因此其是房屋的实际买受人。

【案件焦点】

经登记的不动产物权发生争议，如何确定其权属。

【法院裁判要旨】

承德市双桥区人民法院经审理认为：本案诉争房屋的归属应从物权的取得和行使两个方面加以分析判断。

从诉争房屋的取得过程来看，其购置资金来源于A商贸公司经营利润所得，而非杜某个人出资。将公司经营利润转化为房产即购房的决策者系时任A商贸公司法定代表人杜某甲，而非杜某。签订购房合同、办理不动产登记、办理房屋接收及配套设施使用的相关手续均系杜某甲委派公司职员完成，杜某亦未亲身参与。人民法院调取的承德市公安局对杜某涉嫌职务侵占的讯问笔录中，杜某对诉争房屋的购买过程、资金来源等情况并不知情。上述事实表明，杜某甲是购房的决策者，A商贸公司是购房具体行为的实施者，杜某不具有决策购房的主观意志也无购房的主观意愿，故A商贸公司所举的证据能够证明其具有购房和取得房屋所有权的真实意思表示。反之，杜某所辩称的其房屋所有权的取得源于杜某甲向其赠与公司债权一说，缺乏证据支持并与其在公安机关的陈述相矛盾。此外，因法人的财产权独立于公司股东的财产权，即使假定杜某甲决定将公司债权让与被告杜某，其行为亦应符合公司法及合同法的规定，而该假定事实并无证据证明，亦被杜某甲所否认。故杜某关于物权取得之说不能认定。

从诉争房屋物权行使方面分析，常理上应由房屋的实际权利人持有、保管房屋购置合同及不动产销售发票、产权登记凭证、入住手续等重要的原始资料。但本案诉争房屋的上述相关材料均由A商贸公司持有、保管，房屋由A商贸公司实际接收并长期管理、使用，该事实表明盛世商贸公司实际在行使房屋所有权的权能。杜某所称诉争房屋的所有原始资料丢失，缺乏事实依据，不能认定。杜某在与A商贸公司就房屋所有权存在权属争议的情况下挂失补办房屋产权证的行为既不能必然得出其享有所有权的结论，也不代表其行使了所有权权能。

综上所述，A 商贸公司就诉争房屋物权取得、行使情况所举证据的证明力大于杜某所举证据，杜某未实际参与购房和登记的事项，没有购房和取得房屋所有权的真实意思表示，不具有取得诉争房屋所有权的事实根据，而仅是名义上登记的权利人。故 A 商贸公司关于确认诉争房屋的所有权归其所有的诉讼请求，法院予以支持，杜某应协助商贸公司办理诉争房屋的变更登记。按照《民法通则》第七十二条，《合同法》第六条，《物权法》第三十三条，《最高人民法院关于民事诉讼证据的若干规定》第二条之规定，判决如下：

一、坐落于河北省承德市双桥区北兴隆街西区 11 号楼×单元×号房屋、2 号楼×号商业用房产权归 A 商贸公司所有。

二、杜某于本判决生效后十日内协助盛世商贸公司办理所有权变更登记手续，过户费用由 A 商贸公司承担。

【案例评析】

本案是关于不动产的变动问题的案例。按照《物权法》第十四条“不动产物权的设立、变更、转让和消灭，依照法律规定应当登记的，自记载于不动产登记簿时发生效力”的规定，不动产登记簿是确认物权归属和内容的依据，不动产权属证书是权利人享有该不动产物权的证明，根据物权公信原则，不动产权属证书对物权的公示产生公信力，该权属证书对不动产的归属有证明作用。但在现实生活中，有时候会存在房屋的实际买受人与登记的权利人不一致或登记错误的情形，那么，仍要坚持不动产登记簿的效力而牺牲真正权利人的利益吗？对于此种情形，《物权法》第十九条规定：“权利人、利害关系人认为不动产登记簿记载的事项错误的，可以申请更正登记。不动产登记簿记载的权利人书面同意更正或者有证据证明登记确有错误的，登记机构应当予以更正。不动产登记簿记载的权利人不同意更正的，利害关系人可以申请异议登记。登记机构予以异议登记的，申请人在异议登记之日起十五日内不起诉、异议登记失效。异议登记不当，造成权利人损害的，权利人可以向申请人请求损害赔偿。”根据该条内容，在本案中，A 商贸公司可以通过提供购房的资金来源、具体的购房过程、对权利凭证的持有、保管，房屋的占有、使用、收益、处分等情况的证据，来证明自己是诉争房屋的实际买受人、真正的所有权人。

案例 5

继受取得不动产物权应以登记为生效要件①
——黄某山诉叶某青等所有权确认案

原告（反诉被告、上诉人）：黄某山

被告（反诉第三人、被上诉人）：叶某青、黄某花

被告（反诉原告、被上诉人）：黄某春、黄某金、黄某童、黄某女

【基本案情】

被告黄某金和黄某春系夫妻，被告黄某童、黄某女系其子女。被告叶某青、黄某花系夫妻关系，黄某花系黄某金和原告黄某山的姐姐。诉争房屋位于厦门市海沧区东孚镇山边村山边社 A 号，该房屋宅基地（基建地）系于 1993 年由案外人何某抽签取得（当时为“二号基建地”）。1993 年 8 月，黄某春就前述地块取得《厦门市集美区建设用地许可证》，权属登记于黄某春名下。1997 年 8 月，原厦门市土地房产管理局杏林土地分局颁发的杏集建（97）字第 12×号《集体土地建设用地使用证》记载前述土地使用者为叶某青、黄某花。

2005 年 5 月 4 日，被告叶某青、黄某花签署《房屋赠送书》一份，将诉争房屋赠送给黄某山。叶某青、黄某花庭审中确认该《房屋赠送书》上的签名是其二人所签，但主张是在不明真相的情况下所签的。

2008 年 6 月，黄某春向厦门市国土资源与房产管理局海沧分局申请更正登记，称 1997 年在其不知情的情况下，黄某花、叶某青将其名下的诉争房屋用地手续办到黄某花、叶某青的名下，并办理了杏集建（97）字第 12×号《集体土地建设用地使用证》，要求将土地证更正到其名下。厦门市国土资源与房产管理局海沧分局查明黄某花、叶某青于 1997 年 8 月办理取得杏集建（97）字第 12×号《集体土地建设用地使用证》的权属来源为集（97）第 02××号《厦门市集美区建设用地许可证》。经调查，厦门市国土资源与房产管理局海沧分局于 2008 年 8

① 国家法官学院案例开发研究中心：《中国法院 2014 年度案例　物权纠纷》，中国法制出版社 2014 年版，第 65 页。

月发布确权公告，公告诉争房屋的权属人为黄某春。后黄某春于2008年8月取得诉争房屋的《厦门市集体土地使用权证》和《厦门市农村房屋使用权证》，分别载明土地使用权人黄某春，房屋所有权人黄某春，户主黄某金、妻黄某春、子黄某童、女黄某女。

现原告请求确认诉争房屋所有权归属原告。被告叶某青、黄某花认为诉争房屋的所有权不属于自己，所以赠送行为无效，诉争房屋初始登记产权人是黄某春、黄某金一家，房屋所有权人是黄某春。被告黄某春、黄某金、黄某童、黄某女认为行政部门已经将诉争房屋确权为自己所有，故请求原告返还诉争房屋。

【案件焦点】

第一，原告黄某山依《房屋赠送书》主张诉争房屋所物权是否必须以权属登记为生效要件；第二，原告黄某山提供的证据是否能够推翻被告黄某春已取得的诉争房屋权属登记。

【法院裁判要旨】

福建省厦门市海沧区人民法院经审理认为：《物权法》第九条规定："不动产物权的设立、变更、转让和消灭，经依法登记，发生效力；未经登记，不发生效力，但法律另有规定的除外。"本案中，原告黄某山主张诉争房屋系由叶某青、黄某花以签订《房屋赠送书》转让，主张的是继受取得，但不论前述《房屋赠送书》效力如何，黄某山始终未曾取得诉争房屋的权属登记，亦即始终未曾取得诉争房屋的不动产物权。《物权法》第十七条规定："不动产权属证书是权利人享有该不动产物权的证明。"现有关行政机关已经将诉争房屋登记为黄某春、黄某金、黄某童、黄某女所有，黄某山主张诉争房屋为其所有但提供的证据不足以推翻现诉争房屋的权属登记，其诉讼请求不能成立，法院不予支持。因此，诉争房屋应属黄某春、黄某金、黄某童、黄某女所有，黄某山占有该房屋没有法律依据，应予返还。反诉原告黄某春、黄某金、黄某童、黄某女的相应诉讼请求，法院予以支持。至于黄某山若因房屋加盖等遭受损失，可以另案向相关责任方主张。依据《物权法》第九条、第十七条、第三十四条，《民事诉讼法》第六十四条第一款之规定，判决如下：

一、原告（反诉被告）黄某山于本判决生效之日起十日内将厦门市海沧区东孚镇山边村山边社A号房屋返还给反诉原告黄某春、黄某金、黄某童、黄某女。

二、驳回原告黄某山的诉讼请求。黄某山不服一审判决提起上诉，后以欲与黄某花等人协商解决为由撤回上诉。福建省厦门市中级人民法院裁定准予撤诉。

【案例评析】

物权的变动有三种模式：民事行为、事实行为与事件及行政行为或法院的判决。其中，最主要的是基于民事行为发生的物权变动，对于基于民事行为发生的不动产物权的变动，《物权法》第九条规定："不动产物权的设立、变更、转让和消灭，经依法登记，发生效力；未经登记，不发生效力，但法律另有规定的除外。"也就是除了法律特有规定的不动产物权的变动之外，其他物权的变动都必须以登记为生效要件。在本案中，原告黄某山以被告叶某青、黄某花与其签订的《房屋赠与书》为取得诉争房屋所有权的依据，是基于继受取得方式取得的物权，无论双方的民事行为是否有效，按照《物权法》第九条的规定，黄某山都必须对诉争房屋进行变更登记后方可取得诉争房屋的所有权。但由于黄某山未进行诉争房屋的权属登记，所以其诉讼请求不能得到法院的支持。

本案被告黄某春、黄某金、黄某童、黄某女已经依法取得了诉争房屋的权属登记，按照《物权法》的规定，该登记具有公信效力，除非原告黄某山能提供证据推翻该登记；否则，诉争房屋应属于黄某春、黄某金、黄某童、黄某女所有。

案例 6

不动产物权登记效力的司法认定[①]
——李某华、唐某英诉唐某、陈某所有权确认案

原告（上诉人）：李某华、唐某英

被告（被上诉人）：唐某、陈某

【基本案情】

李某华与唐某英系夫妻，唐某与唐某英系姐妹，唐某与陈某系母女，唐某与

① 国家法官学院案例开发研究中心：《中国法院 2016 年度案例　物权纠纷》，中国法制出版社 2016 年版，第 38 页。

纪某芝系再婚夫妻。纪某芝与第三人（被上诉人）纪某发、纪某初、纪某祥系父子。第三人（被上诉人）纪某初与第三人（被上诉人）纪某系父子。

2006年4月8日，陈某、纪某芝、唐某与上海申豪房地产有限公司（以下简称申豪房产公司）签订《上海市商品房预售合同》，约定由陈某、纪某芝、唐某购买本市××路1333弄306号901室商品房，房屋总价约156万元（2006年3月3日陈某支付定金5万元；陈某、纪某芝、唐某于同年4月11日支付现金13.9万元、转账31.1万元，计45万元，4月25日支付按揭贷款30万元，6月26日支付5万元，8月18日支付71万元）。2006年11月26日，申豪房产公司出具购买人是陈某、纪某芝、唐某金额为1565327元的购房发票。2007年7月23日，陈某、纪某芝、唐某与申豪房产公司签署房屋交接书，确认系争房屋建筑面积为155.84平方米，房屋总价款1567439元。2007年7月25日，上海市房屋土地资源管理局核发沪房地普字（2007）第0240××号房地产权证，载明系争房屋权利人为陈某、纪某芝、唐某。

2007年8月20日，纪某芝立下《字据》："我与唐某、陈某共同购买的一套房子，地址是××路1333弄306号901室，这套房子的全部的购房款都是由我妻子的妹妹唐某英支付的，我愿意在我过世后，将我这套房子中属于我的那部分留给我的女儿陈某。"同月27日，纪某芝立下《遗嘱》："一、还纪某初本金10万元，利息3万元，共计13万元；二、后事由长子纪某发全权处理（有10万元办理后事费用在纪某发处）；三、余下的其他财产由长子纪某发、三子纪某初、孙子纪某三人平均继承。"同月31日，纪某芝死亡。

另查明：2005年12月5日，李某华、唐某英从澳大利亚到达中国上海，二人于2006年3月5日离沪出境。

再查：2001年10月，唐某与上海市真光路962弄64号××室房屋的开发商签订《上海市商品房预售合同》。嗣后，唐某成为真光路962弄64号××室的登记产权人。2005年6月24日，唐某将该房出售。

2009年11月4日，李某华、唐某英以唐某、陈某为被告向法院提起诉讼，要求确认系争房屋产权归李某华、唐某英所有。同年12月2日，李某华、唐某英与唐某、陈某自愿达成"××路1333弄306号901室房屋产权归李某华、唐某英二人所有"的调解协议，并承诺对该调解协议的后果承担法律责任。当日，法院作出（2009）普民三（民）初字第29××号民事调解书（以下简称第29××号调解书)，且已发生法律效力。2011年1月24日，系争房屋权利人转移至李某华、唐某英名下。后纪某发、纪某初、纪某以第29××号调解协议侵害其民事权益为由，向上海市第二中级人民法院申请再审。上海市第二中级人民法院于2012年11月16日作出民事裁定书，裁定撤销第29××号民事调解书，将本案发回重审。

李某华、唐某英提出：系争房屋是李某华、唐某英委托唐某购买，李某华、唐某英是系争房屋的实际出资人、购买人和产权人。

纪某发、纪某初、纪某祥提出：在纪某芝生前，李某华、唐某英与唐某、陈某对真光路962弄64号××室房屋产权登记人及系争房屋的产权登记人都不持异议。纪某芝2007年8月27日的《遗嘱》明确其财产包括系争房屋。

【案件焦点】

第一，在不动产物权登记具有对抗效力的情形下，如何对不动产登记名义人与实际权利人是否一致进行核实；第二，如何就物权或债权主张进行法律判断。

【法院裁判要旨】

上海市普陀区人民法院再审认为，系争房屋从《商品房预售合同》的签订到购房款约156万元的支付；从房屋交接书的签署到实际装潢装修后的入住；从完税凭证到房地产管理部门核发的物权凭证等证据，均直接证明了陈某、纪某芝、唐某是系争房屋的购买人、居住人和产权的拥有人。即使存在李某华委托唐某购买系争房屋之事，但受托人唐某恰恰用自己及纪某芝、陈某三人名义购买的行为，拒绝接受李某华的委托。

此外，就李某华、唐某英提供出售真光路962弄64号××室房款的证据，以及李某华、唐某英提出的大量汇款和纪某芝记录的清单、笔记的证据，经庭审核对这些汇款及清单上载明的时间节点及标的数额，没有一笔资金或汇款能与购买系争房屋原始付款凭证上记载的时间节点或标的数额相吻合。关于李某华、唐某英提供2007年8月20日纪某芝在弥留之际立下《字据》的证据，又遇与第三人提供2007年8月27日纪某芝也在弥留之际立下《遗嘱》的内容相佐。

上海市普陀区人民法院据此判决：

一、驳回原审原告李某华、唐某英的诉讼请求。

二、本市××路1333弄306号901室房屋产权于本判决生效之日起三日内恢复至陈某、纪某芝、唐某名下。

上海市第二中级人民法院经审理认为：本案是因李某华、唐某英主张系争房屋系李某华、唐某英委托唐某购买而要求确认所有权的案件，故李某华、唐某英与唐某之间是否构成委托关系是本案的主要争议焦点。李某华、唐某英在普陀区法院再审中出具《委托书》作为证据，旨在证明李某华、唐某英委托唐某购买系争房屋。一般而言，委托人将委托书交给受托人后，原件应由受托人或系争房屋的开发商或销售商持有，而李某华、唐某英持有原件与常理不符。虽唐某、陈某对该《委托书》予以认可，但因唐某英与唐某系姐妹，纪某发、纪某初、纪某、纪某祥抗辩《委托书》系后补；加之，如此重要的证据在再审中才提供，也有悖常理。综上所述，李某华、唐某英以《委托书》证明委托唐某购买系争房屋的主张，尚难获支持。李某华、唐某英提供纪某芝于 2007 年 8 月 20 日书写的《字据》旨在证明购买系争房屋的全部款项由唐某英支付。该《字据》中，纪某芝一方面认可系争房屋的购房款由唐某英支付，而另一方面又称将其在系争房屋中的份额留给陈某。此《字据》仅能表明纪某芝对系争房屋的款项来源予以认可，并不能推导出系争房屋的产权人为李某华、唐某英。

综上所述，李某华、唐某英的上诉请求并无事实和法律上的依据，法院不予支持。普陀区法院再审判决根据在案证据作出的驳回李某华、唐某英的诉讼请求并无不当，法院予以维持。依照《民事诉讼法》第一百七十条第一款第（一）项、第一百七十五条之规定，判决如下：

驳回上诉，维持原判。

【案例评析】

随着我国在房地产市场出台一系列限购政策以来，房地产方面的纠纷日益增多。《物权法》第十六条规定："不动产登记簿是物权归属和内容的根据。"第十七条规定："不动产权属证书是权利人享有该不动产物权的证明。"按照这两条规定，我们知道不动产物权的归属和内容应当依据不动产登记簿的登记来确定，但很多人为了规避限购政策以及户口原因，借用他人名义买房，所以现实生活中就出现了大量的不动产的登记人并非实际权利人的情况，对于这种情况，我们就不能简单地以登记簿的内容来确定房屋产权的归属，而应通过审查作出判断，从而维护真正权利人的权益。

在本案中，房屋的登记权利人为陈某、纪某芝、唐某，按照不动产物权的公示原则和公信原则，应推定此三人为房屋的权利人，由于纪某芝死亡，其遗嘱已对诉争房屋作出了处分，所以，可以认定其继承人为善意第三人，根据物权公信原则，他们可以将不动产权属证书作为证明其享有对诉争房屋的合法的遗产继承权。李某华、唐某英主张对诉争房屋享有权利，可以通过申请异议登记、起诉等途径来对诉争房屋进行确权。从本案中可以看出，李某华、唐某英对诉争房屋主张权利提供的证据不足以证明诉争房屋为其所有，从房屋商品房预售合同的签订、定金（税费）的支付、贷款的按揭、余款的转账、房屋交接书的签署、公用（物业）费用的结清以及涉诉房屋的居住使用、购房原始凭证、购房发票、物业缴费等方面都不足以证明李某华、唐某英对涉诉房屋享有实际的所有权，所以法院驳回了原告的诉讼请求。

对于本案中原告李某华、唐某英主张的购房款问题，可以告知原告作为债权问题另案起诉。

案例 7

修建、登记行为非直接取得房屋所有权之当然原因①
——金某梅诉何某华等所有权确认案

原告（上诉人）：金某梅

被告（上诉人）：何某华、金某秀

被告（上诉人）：何某铭

【基本案情】

金老太与王某珍系婆媳关系，金某观系王某珍之子，金某梅系金某观之女，金某秀系金老太领养的孙女，何某华系何某铭、金某秀夫妇之子。

金老太在日寇侵华期间建造门面房（平房）一间、后面平房一间（倒塌后金某秀用竹搭建成灶房）。金老太去世后，该房屋登记在王某珍名下，门牌号为

① 国家法官学院案例开发研究中心：《中国法院 2015 年度案例　物权纠纷》，中国法制出版社 2015 年版，第 76 页。

朱泾镇东方街（现为东林街）A 号，使用面积 44 平方米。金某梅及其家人因支援国家三线建设，长期居住在安徽，故上述房屋由金某秀及其家人使用。

1984 年 8 月，因东林街 A 号房屋有塌落危险，金某秀申请翻建，前后两间共 45 平方米。

1985 年，何某铭申请建造东林街 B 弄 3 号房屋。1996 年 2 月 29 日，该房屋登记在金某秀名下，建筑面积 127.78 平方米。

1996 年 12 月，因东林街 A 号，B 弄 2 号、3 号房屋损坏严重，有倒塌的可能，经批准，何某华出资拆除老屋，重新翻建，并擅自在东林街 A 号原平房上加建楼房。

1999 年 8 月 30 日，金某秀将东林街 A 号、B 弄 3 号的房产赠与何某华。

又查明，1987 年 1 月 8 日，王某珍去世。同月 18 日，金某观拟定《家庭协议》，载明："由祖母传下在东林街 A 号门面房一间，后面一间……房子产权归琪梅，但何其华可长期使用……在 1984 年 9 月何某华把贰间房屋全部翻建是平屋，材料费 2800 元……何某华在营业期间从 1987 年 1 月到 1996 年 12 月止共 10 年，支援金某梅人民币前五年每月 20 元。"

金某梅称，根据 1987 年 1 月 18 日《家庭协议》，系争房屋（现位于上海市金山区朱泾镇东林街 A 号、东林街 B 弄 3 号）产权归金某梅所有，何某华可长期使用，双方不得变卖。现得知系争房屋登记在何某华名下，故请求法院判令上述系争房屋为金某梅所有。

何某华称，系争房屋是其合法获得，其没有见过金某梅所说的协议，也没有签字，协议不具有法律约束力，请求驳回金某梅的诉讼请求。

金某秀、何某铭称，系争房屋现登记在何某华名下，且协议无效，故不同意金某梅的诉讼请求。

【案件焦点】

第一，原告提供的《家庭协议》是否真实、有效；第二，系争房屋的权属。

【法院裁判要旨】

上海市金山区人民法院认为，本案争议焦点之一是金某梅提供的《家庭协议》是否真实、有效。首先，系争房屋原本属于金老太私房所在位置，何某华、金某秀、何某铭均无异议。金某秀在诉讼中曾表示系争房屋是金老太的，王某珍去世后，街道、居委会让其去办产权证。其次，从金某观拟定《家庭协议》的背景看，金某梅及其家人因支援国家三线建设，长期居住在安徽。尤其是王某珍去世后，系争房屋由何某华、金某秀及其家人使用。为明确系争房屋的权属，金某观拟定协议是合乎常理的。最后，从协议内容第一条看，在1984年9月何某华把两间房屋全部翻建为平屋，与金某秀于1984年8月13日申请翻建的事实相吻合，故从内容上看协议是真实的。最后，从何某华使用系争房屋上看，一直由何某华使用并负责修理。金某秀在提到《家庭协议》的由来时称，何某华使用了门面房，王某珍去世后，王某观要写张纸，写好后让我们看，并让何某华每月付20元，10年间，何某华付了2000多元。显然，何某华已履行了协议的有关义务，协议应当是有效的。虽然何某华否认签过协议，协议上的盖章也不是何某华的，何某铭记不清是否盖过章，但何某华、何某铭未能举证予以反驳，且金某梅提供了何某铭的简历表、登记表，内有何某铭使用的名章，足以证明何某铭名章的真实性。虽然协议约定由当事人签字，但按法律规定，结合当时的习惯用法，签章与签字具有相同的法律效力。至于金某梅由其父亲金某观代签，符合家事代理原则，应当认定有效。因此，该协议真实有效，何某华、何某铭等的抗辩不成立。

本案争议焦点之二是系争房屋的权属。根据上述阐述，金某梅提供的《家庭协议》是真实有效的，应按协议确定权属。根据协议："由祖母传下在东林街A号门面房屋一间，后面一间……房子产权归王某梅，但何某华可长期使用。"法院注意到，东林街原名东方红街，结合金山县朱泾镇东方红街A号房地产产业分幢明细图表（以下简称产业分幢明细表）与法院向上海市金山区房地产交易中心调取的系争房屋翻建前后产权登记情况中的房屋土地测绘报告，产业分幢明细表中室号1、2房屋长共11.3米，宽共3.9米，使用面积共计44平方米，这与"拆除及翻建房屋申请表"上拆除房屋间数及面积理由一栏中"翻建前后二间四拾伍平方米"相接近，又结合登记在金某秀名下的东林街A号房屋面积的测绘，长11.43米与原11.3米非常接近，宽4.61米与原3.9米也比较接近，故原东方红街78号室1号、2号的坐落位就是登记在金某秀名下的东林街A号。同理，原东方红街A号室3号、4号，后变更为登记在金某秀名下的东林街B弄3号。东林街80弄3号于1985年由何某铭申请建造，结构为混合二层。金某观于1987

年1月订立《家庭协议》时应明知当时的房屋结构，即A号室平房，B弄3号室二层楼，协议中所说的两间房屋指明是平房。因此，协议中的东林街A号就是目前的东林街A号房屋，不包括东林街B弄3号房屋。金某梅要求确认东林街B弄3号房屋归金某梅所有，与《家庭协议》相悖，不予准许。东林街A号房屋在订立协议时是平房，后于1996年12月经金某秀申请，由何某华出资翻建，并在原平房上加建楼房，合计建筑面积102平方米。对于加建的房屋权属如何认定，法院认为，金某秀、何某华加建房屋是在金某梅祖屋基础上所为，且按照协议第二条“两间房屋地段有金某观小女金某梅所有权，但对翻建材料费由金某秀小子何某华所有”，故加建的房屋仍归金某梅所有。金某梅在庭审中称危房重建的费用由朱泾镇出资，但未能提供证据予以证明，该意见法院不予采纳。鉴于何某华在本案中未主张翻建材料费，故法院不作处理。

上海市金山区人民法院依法作出判决：

一、坐落于上海市金山区朱泾镇东林街A号的房屋归金某梅所有，何某华欲判决生效之日起30日内协助金某梅办理上述房屋的过户登记手续，过户费用由金某梅承担。

二、驳回金某梅的其他诉讼请求。

判决后，金某梅不服，上述称，根据《家庭协议》约定之“两间平房”包括现在登记的东林街A号、B弄3号房屋，故请求撤销原判，改判将何某华坐落于上海市金山区朱泾镇东林街B弄3号房屋判归金某梅所有。上诉人何某华、金某秀及被上诉人何某铭均不同意金某梅上诉请求。何某华、金某秀请求确认上海市金山区朱泾镇东林街A号房屋归其所有；何某铭请求房产应由金某秀、金某观按继承程序取得，其他人无所有权。

上海市第一中级人民法院认为，本案上诉的争议焦点有两个：一是《家庭协议》的效力问题；二是何某华、金某秀对标的房屋的修建、登记是否据此取得房屋产权。

关于第一个争议焦点，即《家庭协议》的效力问题，根据查明事实，首先，现有系争房屋系在金老太日据时期建造的老屋基础上逐次修理、扩建形成。老屋建造后由金家子女居住，金某梅因支援国家三线建设需要长期至安徽工作生活，老屋在王某珍去世后，实际由金某秀一方居住、使用，金某观制定家庭协议系保证家庭框架下各方利益，符合我国社会主义之人伦常理。其次，协议记载的房屋翻修记载与金某秀申请、何某华翻修事实相符，根据金某秀陈述，何某华使用门面房，并按照金某观起草的协议，何某华10年间陆续支付了2000多元，应该认为，何某华实际履行了协议的有关义务。最后，根据查明事实，协议中出现的何某铭私章系其长期使用，何某华虽否认其私章的真实性，但始终未能举证反驳，何某华、金某秀等据之否认的形式真实性缺乏事实依据。因协议内容并不违反强制性法律规定，原审判断家庭协议合法、有效，符合法律规定。

金某梅虽非家庭协议的当事人，但按约其属合同之受益人，其对协议内容及效力均予确认，其依法具备合同受益人之权利、义务。何某华系争议房产登记之产权人及合同当事人，考虑到何某华、金某梅及何某铭与本案争议标的物间的直接权利、义务关系，《家庭协议》约定内容直接确定了双方的（原因）给付关系，与金某秀、何某华等主张的所谓继承程序等并无法律上的联系，相关上诉理由法院亦难以采信。

第二个争议焦点为：何某华、金某秀对标的房屋的修建、登记问题。根据查明事实，金某秀、何某华在本案老屋居住期间，对房屋进行了大量维修、改建，并数次重新登记了房屋门牌号码及产权，但必须指出，建设及登记本系物权行为，在无特别证据条件下，应系债权行为的履行，并非直接取得房屋所有权的当然法律原因。本案《家庭协议》实际对争议房屋产权作了明确约定，在现有证据条件下，应该认为系标的房屋所有权分配的合法债权原因，相较上述物权行为，该意思表示产生的法效直接分配了标的房屋所有权，何某华、金某秀该上诉理由，缺乏法律依据，法院不能采信。另外，关于金某梅主张现东林街B弄3号房屋，经查，家庭协议中对此并未涉及，其主张原东林街A号房屋包含该部缺乏基本事实及法律依据，法院难以采信。

原审法院在查明事实的前提下，判决正确，法院予以维持。各上诉人的上述请求，缺乏事实、法律依据，法院不予支持。据此，按照《民事诉讼法》第一百七十条第一款第（一）项之规定，判决如下：

驳回上诉，维持原判。

【案例评析】

本案涉及的是产权的登记人是不是真正权利人的问题。按照《物权法》第三十条的规定，因合法建造、拆除房屋等事实行为设立或者消灭物权的，自事实行为成就时发生效力。在本案中，产权登记人拆除、建造、多次翻建房屋并予以房产登记，按照《物权法》的规定以及物权公示原则和公信原则，该房屋应属于产权登记人。但是在本案中，产权登记人拆除的房屋是实际权利人因历史原因未居住使用的诉争房屋，有证据《家庭协议》证明原始产权，所以虽然产权登记人一直使用居住、多次翻建诉争房屋并对该房产进行了登记，仍不能简单地将该房屋确定为产权登记人所有。本案的诉争房屋是金老太在中华人民共和国前建造的，在原告金某梅祖母王某珍去世后，实际上是由金某绣一方居住使用的，金某梅的父亲金某观为了保证家庭成员各方的利益，制定了《家庭协议》，在这份协议中，约定了金老太遗留房屋的处分问题，而且何某华也按照协议履行了自己的义务，10 年间向金某梅支付了 2000 多元，所以，应认定该协议有效。《家庭协议》处分的房屋后来虽经金某绣、何某华多次翻建并登记在金某绣、何某华名下，但仍然应认定该房屋应属真正的权利人金某梅。

第六节　物权的保护

一、物权保护的概念

所谓物权的保护，主要指当物权权利人在正常行使其物权时受到他人的不法妨害或物权人物权的圆满状态受到他人的不法侵害时，法律赋予物权人排除侵害或妨害的请求权，以保障其合法权利和利益的实现①。

二、物权保护的具体方法

（一）物权确认请求权

物权确认请求权，是指当利害关系人因物权归属和内容发生争议时，请求人民法院确认物权归属、明确权利内容的权利。我国《物权法》第三十三条对此

① 江平：《物权法教程》，中国政法大学出版社 2011 年版，第 92 页。

作了明确的规定："因物权的归属、内容发生争议的，利害关系人可以请求确认权利。"对物的权利进行确认是物权保护的前提。在《物权法》颁布之前，我国在《民法通则》中没有"确认物权请求权"的规定，迄今也有学者不赞成规定"确认物权请求权"，因为他们认为"确认物权请求权"是针对法院的，实质上是一种"诉权"，而不是针对民事主体的"实体权"。按照法律原理，程序法上的"诉权"是为实体法上相应的"实体权"的实现服务的。换言之，有一种"诉权"就必定有与之相对应的一种"实体权"。既然民事诉讼法上有"确权之诉"，与之对应的物权法上的"实体权"就是"确认物权请求权"。物权法规定"确认物权请求权"，就使诉讼法和司法实践中的"确权之诉"。有了实体法上的权利根据，于法于理都是合适的。按照《物权法》第三十三条的规定，发生物权归属及其内容的争议的利害关系人，享有"确认物权请求权"，亦即发生物权争议的任何一方，都可以行使这个请求权，向法院提起"确认物权之诉"。需要注意的是，"确认物权请求权"的目的和作用，在于采用诉的方法解决物权争议，维护正常的物权法律秩序，因此"确认物权请求权"不应适用诉讼时效，只要物权争议存在，"确认物权请求权"就存在，不受诉讼时效的限制。

（二）返还原物请求权

因他人无权占有物权标的物，物权受妨碍时，发生物权的返还请求权，即当物权人对物的全部支配权被他人妨碍时，对其占有人请求返还，恢复占有的权利。

《物权法》第三十四条规定："无权占有他人不动产或者动产的，权利人可以请求其返还原物。"返还的对象是被他人占有的物权客体（标的物），无权占有他人物权客体（不动产或者动产）的人，是返还义务人。物权请求权的构成要件是"物权"必须存在，而"物权"存在的前提是作为物权客体的"物"（不动产或者动产）必须存在，这个"物"被他人无权占有，物权人就可以根据"物权"行使"返还请求权"，请求无权占有人返还"原物"。如果"原物"已经灭失，当然也就没有了所谓的"返还请求权"，原物权人只能行使侵权责任请求权。

"返还请求权"是否适用诉讼时效？按照民法原理，"返还请求权"虽然性质上属于"物权请求权"，但与属于"债权请求权"的"履行请求权"即"损害赔偿请求权”类似，应当同样适用诉讼时效。如果请求返还的财产是办理了登记的财产（不动产、船舶、飞机、机动车），因为诉讼时效期满而允许无权占有人拒绝返还，就势必与登记制度的效力发生冲突。而登记的公示效力、对抗效力、权利推定的效力，是不应该因时间的流转而消灭的，否则就将否定登记制度的效力。因此，请求返还办理了登记的动产、不动产的请求权，不应当适用诉讼时效。对此，《民法总则》第一百九十六条做出了不动产物权和登记的动产物权的权利人请求返还财产不适用诉讼时效的规定，例如，张三的房屋办理了所有权登记，该房屋被李四无权占有，张三请求无权占有人李四返还房屋的请求权，就不适用诉讼时效。但是，如果被无权占有的财产没有登记，其返还请求权应当适用诉讼时效。

（三）排除妨害请求权

由于他人的非法行为，使物权的圆满状态受到除占有之外的方式的侵害时，权利人对妨害人享有妨害排除请求权，以恢复物权的圆满状态。《物权法》第三十五条规定：“妨害物权或可能妨害物权的，权利人可以请求排除妨害或者消除危险。”例如，张三的轿车停在李四的院子中，耽误了李四轿车的停放，李四就可以请求张三排除妨害。在行使排除妨害请求权时，需要弄清楚事实真相，只有妨害是客观存在的，而且确实超出了正常人的容忍程度，权利人才能运用排除妨害的方法来保护其物权。依据“排除妨害请求权”提起的诉讼，称为“排除妨害之诉”，以实施妨害行为之人为被告。例如，你把人家通道给切断了，责令你恢复通道畅通；你把人家的楼梯给封堵起来了，责令你拆除封堵物恢复楼梯畅通。《民法总则》第一百九十六条第（一）项的规定，“排除妨害请求权”不适用诉讼时效，只要妨害行为存在，受妨害的物权人就可以行使此项请求权，提起“排除妨害之诉”，受理法院就要作出“排除妨害”的判决，强行排除妨害行为及其结果，恢复物权的正常行使。

（四）消除危险请求权

消除危险是指由于他人的非法行为足以使财产有遭受毁损、灭失的危险时，财产所有权人有权请求排除已经存在的危险，以免财产遭受实际的损失。《物权法》第三十五条的规定中包含了消除危险请求权的内容：“妨害物权或可能妨害物权的，权利人可以请求排除妨害或者消除危险。”消除危险请求和排除妨害请求权是不同的，排除妨害请求权针对的是妨害人的“妨害行为”，消除危险请求权针对的是危险设施等造成的“危险状态”排除妨害，就是请求法院判决强行排除妨害人的妨害行为；消除危险，针对的不是人的行为，而是某种“危险状态”。依据消除危险请求权提起的诉讼，称为“消除危险之诉”，以造成危险状态的树木、设施、建筑物等的所有人或者管理人为被告。受理法院应作出判决责令被告消除该“危险状态”。例如，一棵大树的枝干伸到邻居的院子上面，枝干已经枯朽、摇摇欲坠，下面刚好是邻居停放豪华跑车的车位，邻居随时提心吊胆，你的枯枝掉下来把我的跑车砸坏了怎么办？这就造成一种危险状态。这时邻居就可以行使消除危险请求权，向法院提起“消除危险之诉”，请求法院责令大树的所有人或者管理人限期把枯枝砍掉，或者许可这个邻居自己雇人去砍，让被告承担费用。再如，你的那堵墙已经倾斜，随时可能坍塌，威胁到邻居房屋的安全，邻居可以行使消除危险请求权，提起“消除危险之诉”，让法院作出判决责令你限期把危墙加固或者拆掉。基于消除危险请求权的立法目的，只要“危险状态”存在，就应当责令造成危险状态的设施等的所有人或者管理人予以消除，对此《民法总则》第一百九十六条规定消除危险请求权不适用诉讼时效。

（五）损害赔偿请求权

损害赔偿请求权是指当他人的非法行为造成了权利人财产的毁损和灭失，侵害了权利人的物权时，权利人享有要求侵害人补偿其损失的请求权。《物权法》第三十七条对此做出了明确的规定：“侵害物权，造成权利人损害的，权利人可以请求损害赔偿，也可以请求承担其他民事责任。”这里的损害赔偿请求权在性质上究竟属于物权请求权还是债权请求权，在理论上是存在争议的。笔者认为，由于其规定在《物权法》条文中，应属于物权请求权。

三、物权保护方法的行使

物权保护方法的行使，不必非依诉讼的方式。依据《物权法》第三十二条的规定：“物权受到侵害的，权利人可以通过和解、调解、仲裁、诉讼等途径解决。”也就是说，当物权人在其物权受到妨害后，可以私自维护自身的合法权益，直接请求侵害人为或不为一定的行为，包括请求侵害人停止侵害、排除妨害、消除危险、返回财产等。物权人也可以采用诉讼的方式请求国家公权力的救济，当物权人在其权利受到妨害时可以直接向人民法院提出诉讼，请求确认其物权的存在或采取其他的保护措施。在实践中，一般是物权人的私力救济不能实现和保护其权利时，才会依法请求法院裁判。

案例 8

物权请求权不适用诉讼时效①

——河南省煤气（集团）有限责任公司某气化厂诉义马市 A 磨料磨具有限公司排除妨害案

原告：河南省煤气（集团）有限责任公司某气化厂（以下简称气化厂）

被告：义马市 A 磨料磨具有限公司（以下简称 A 公司）

【基本案情】

本案争议地块位于气化厂厂址西南侧，面积为 29.957 亩，系国有企业工业用地。2000 年 8 月气化厂通过行政划拨形式取得该块土地使用权。2007 年 10 月该土地使用权类型变更为出让。2003 年 4 月，气化厂（甲方）与第三人某热电厂（乙方、现已破产）签订了《某热电厂与某气化厂合作经营协议书》，此协议主要内容有：甲方以位于中央火炬安全范围土地 29.957 亩土地（即本案争议地块）折价入股；甲方按股分红，乙方每年支付给甲方固定红利 21000 元；甲乙双方合作经营期限为 8 年；合作期满，甲方收回土地使用权。如若继续合作，双方需重新订立协议等。2004 年 8 月，某热电厂（甲方）又以本案争议地块为合同标的物，与 A 公司签订了《供电、供水协议》，此协议主要内容为：甲方提供 20 年土地使用期限，供乙方建厂并提供供电电源的架设技术服务及供电、供水服务，乙方每年度向甲方交纳一定费用等。此协议订立后，A 公司据此在本案争议

① 国家法官学院案例开发研究中心：《中国法院 2015 年度案例　物权纠纷》，中国法制出版社 2015 年版，第 139 页。

土地上建厂并生产经营。某热电厂收取A公司费用后将其中一部分转交给气化厂，于2005年、2006年分别向气化厂交纳21000元人民币，气化厂开具收据注明前者为“红利”，后者为“租金”。A公司于2008年、2009年分别向气化厂交纳21000元人民币，气化厂开具收据均注明为“租赁费”。2011年4月，气化厂与某热电厂签订的《某热电厂与某气化厂合作经营协议书》合作期限届满。此时，原义马热电厂已经宣告破产，并办理了注销登记。气化厂遂在合作经营期届满时，告知A公司因气化厂生产项目扩建原因，需要A公司搬离其占用本案争议地块。A公司以其与某热电厂签订的《供电、供水协议》约定本案争议地块使用期限为20年，使用期限并未届满为由反对；并且认为气化厂明知A公司与某热电厂签订的《供电、供水协议》内容，明知A公司占有本案争议地块，并收取使用费，这种事实上的占有状态已经经过8年之久，气化厂收回土地的要求已经超过诉讼时效，从而拒绝气化厂的搬迁要求。至诉讼时，该块土地仍被A公司占用。

【案件焦点】

气化厂明知A公司占有其土地长达8年之久，其排除妨害的诉讼请求是否适用诉讼时效。

【法院裁判要旨】

某市人民法院经审理认为：依法登记的土地使用权受法律保护。本案中，双方当事人争执的土地使用权，从权属登记情况看，土地使用权人为气化厂。基于土地使用权的权利性质，如果他人非因法定原因或者合同约定因素，侵犯了气化厂的土地使用权，气化厂可以提起诉讼，要求他人停止侵害、排除妨碍。A公司基于气化厂与第三人签订的协议投资建厂占用涉案土地，但无证据证实其在该土地上享有民事权利以对抗气化厂的土地使用权。因此，气化厂要求A公司从占用气化厂的工业用地上搬离，理由正当，应予支持。事实上，A公司占用气化厂土地处于持续状态，不存在诉讼时效经过的情形，因此，A公司关于诉讼时效经过的理由不当，不予支持。本案中，气化厂要求A公司因迟延搬离赔偿经济损失280万元的诉讼请求证据不充分，不予支持。

义马市人民法院依照《物权法》第四条、第五十三条，《民事诉讼法》第一百四十条之规定，作出如下判决：

一、A公司于本判决生效后十五日内从现占用气化厂具有合法使用权的29.927亩土地上搬离。

二、驳回气化厂的其他诉讼请求。

【案例评析】

本案处理的焦点问题是物权请求权是否存在诉讼时效的问题。

物权请求权是指当物权权利人在正常行使其物权时受到他人的不法妨害或物权人物权的完满状态受到他人不法侵害时，法律赋予物权人排除侵害或妨害的请求权，以保障其合法权利和利益的实现。本案原告行使的返还请求权即属于该种权利。《物权法》第三十四条对此做出了明确的规定："无权占有他人不动产或者动产的，权利人可以请求其返还原物。"物权请求权的构成要件是"物权"必须存在，而"物权"存在的前提是作为物权客体的"物"（不动产或者动产）必须存在，这个"物"被他人无权占有，物权人就可以根据"物权"行使"返还请求权"，请求无权占有人返还"原物"。如果"原物"已经灭失，当然也就没有了所谓的"返还请求权"，原物权人只能行使侵权责任请求权。本案中，原告气化厂享有的物权是土地使用权，这个权利是存在的，所以，气化厂可以行使返还请求权。

按照民法原理，"返还请求权"虽然性质上属于"物权请求权"，但与属于"债权请求权"的"履行请求权"和"损害赔偿请求权"类似，应当同样适用诉讼时效。如果请求返还的财产是办理了登记的财产（不动产、船舶、飞机、机动车），因为诉讼时效期满而允许无权占有人拒绝返还，就势必与登记制度的效力发生冲突。而登记的公示效力、对抗效力、权利推定的效力，是不应该因时间的流转而消灭的，否则就将否定登记制度的效力。本案中，气化厂取得的土地使用权，属于不动产用益物权，这种权利是进行了登记的，因此不应适用诉讼时效。

另外，即使本案适用诉讼时效，也不存在超过诉讼时效的问题。《民法总则》第一百八十八条规定："向人民法院请求保护民事权利的诉讼时效期间为三年。法律另有规定的，依照其规定。诉讼时效期间自权利人知道或者应当知道权利受到损害以及义务人之日起计算。法律另有规定的，依照其规定。但是自权利受到损害之日起超过二十年的，人民法院不予保护；有特殊情况的，人民法院可以根据权利人的申请决定延长。”也就是说，诉讼时效应从当事人知道或者应当知道权利被侵害时起计算，这是指侵害终止的情况，而在本案中，权利处于被持续侵害的状态，所以此时诉讼时效应属于没有开始计算的状态。综上可知，本案原告气化厂的土地使用权或者属于登记物权，不存在适用诉讼时效的问题；或者即使按照请求权的性质，适用诉讼时效，由于侵害处于持续状态，本案也不存在超过诉讼时效的问题。所以，原告的诉讼请求可以得到支持。

案例 9

借名买房的房屋权属确认[①]

——天津 A 旅行社有限公司诉井某所有权确认案

原告（被上诉人）：天津 A 旅行社有限公司

被告（上诉人）：井某

【基本案情】

2004 年 9 月 23 日，井某与第三人天津 B 投资发展集团有限公司（以下简称 B 公司）签订房屋买卖合同，约定井某购买天津市和平区荣业大街新文化花园新典居×号房屋（以下简称涉案房屋），建筑面积 121. 97 平方米，商品房土地来源性质为划拨。房屋总价款为 558623 元。购买房屋时井某系天津 A 旅行社（2012 年 10 月 10 日经工商局核准变更为天津 A 旅行社有限公司）办公室主任，井某认可涉案房屋首付款、税费及之后银行还款均为天津 A 旅行社有限公司支付，房屋也实际由天津 A 旅行社有限公司（以下简称天津 A 公司）占有使用，但提出双方系借款关系。2013 年 3 月 5 日井某为中国银行还款支付 10 万元。现涉案房屋所有权在井某名下。

① 国家法官学院案例开发研究中心：《中国法院 2016 年度案例　物权纠纷》，中国法制出版社 2016 年版，第 1 页。

【案件焦点】

借名买房情况下，房屋所有权应如何认定。

【法院裁判要旨】

天津市和平区人民法院审理认为：原告仅是名称的变更，不影响债权债务的承继，被告认为原告主体不适格的主张，法院不予认可。我国《物权法》规定，因物权的归属、内容发生争议的，利害关系人可以请求确认权利。对于涉案房屋，无论是价款的支付，还是实际的占有使用，均可看出原告出资购买及享有房屋权利的事实，故原告主张其系房屋的实际权利人，本院予以确认。被告主张系借款关系，现原告不予认可，被告亦无相关证据证明，本院不予认可。被告及第三人应配合原告办理过户手续，将房屋登记至实际权利人名下。原告的该项请求本院予以支持，原告自愿负担因此而产生的所有税费及本案诉讼费，本院予以准许。被告为还款支付的10万元亦应由原告承担。如被告认为原告行为侵害其权益，可另行解决，本案不予处理。

天津市和平区人民法院依照《物权法》第三十三条，《最高人民法院关于民事诉讼证据的若干规定》第二条之规定，作出如下判决：

一、本判决生效后三十日内，井某及天津B投资发展集团有限公司到房管部门办理天津市和平区荣业大街新文化花园新典居×号房屋所有权登记手续。

二、本判决第一项执行完毕后十日内，井某配合银行办理天津市和平区荣业大街新文化花园新典居×号房屋抵押权注销手续。

三、本判决第二项执行完毕后十日内，井某协助天津A公司办理过户登记手续，将天津市和平区荣业大街新文化花园新典居×号房屋转移到天津A公司名下。

四、办理上述房屋登记所产生的费用全部由天津A公司承担。

五、本判决生效后十日内，天津A公司给付井某垫付的还款10万元。

六、驳回天津A公司其他诉讼请求。

井某不服，上诉至天津市第一中级人民法院。天津市第一中级人民法院审理认为：因物权的归属、内容发生争议的，利害关系人可以请求确认权利。本案中，涉案房屋的价款系天津A公司支付，且一直由天津A公司实际占有使用，井某认为天津A公司的行为致井某无法申请限价房，无法享受首套房政策，对井某造成损失，属另一法律关系，可另行主张。综上所述，对井某主张享有涉案房屋所有权的请求，法院不予支持。本案为所有权确认纠纷，天津A公司在原审中请求确认涉案房屋的所有权，且经法院查明，涉案房屋确系天津A公司出资购买并实际占有使用。原审判决遗漏天津A公司的该项请求应予纠正。

天津市第一中级人民法院依照《物权法》第三十三条、《民事诉讼法》第一百七十条第一款第（二）项之规定，判决如下：

一、维持天津市和平区人民法院（2013）和民二初字第××号民事判决第一至五项。

二、撤销天津市和平区人民法院（2013）和民二初字第××号民事判决第六项。

三、确认天津市和平区荣业大街新文化花园新典居×号房屋所有权由被上诉人天津A公司享有。

【案例评析】

本案是典型的利害关系人因物权归属和内容发生争议时，请求人民法院确认物权归属、明确权利内容的案件。本案中，天津A公司为了规避限购令，将其购买的天津市和平区荣业大街新文化花园新典居×号房屋所有权登记在该公司的办公室主任井某名下，后天津A公司要求井某将房屋所有权转移到自己名下而发生争议。本案涉及的问题主要有两个。

（一）借名购房合同的效力问题

借名购房是指房屋实际出资人借用他人名义购买房屋，并将该房屋所有权登记在借用人名下的行为。在现实生活中，借名购房一般有以下几类原因：①规避限购令；②享受优惠政策；③转移财产；④逃避债务；⑤避税。本案中，天津A公司就是为了规避国家限制公司购买商品房的政策而借名购房的。

关于该合同的效力，从本案当事人的行为能力、合同标的和法律的强制性规定来看，该借名购房合同应为有效。所以，借名人根据合同要求房屋所有权的登记人办理房屋所有权转移手续的要求应得到支持。

（二）不动产权属证书的证明力

《物权法》第十七条规定："不动产权属证书是权利人享有该不动产物权的证明。"该条文明确了在一般情况下，不动产权属证书是享有不动产物权的证据，但该证据的证明力并不是绝对的，对此，《物权法》第十九条做出了明确的规定："权利人、利害关系人认为不动产登记簿记载的事项错误的，可以申请更正登记。不动产登记簿记载的权利人书面同意更正或者有证据证明登记确有错误的，登记机构应当予以更正。"也就是说，如果不动产登记簿记载的权利人以外的人有足够证据证明不动产登记簿的记载有错误，就可以推翻不动产登记簿的记载，法院应该根据该证据确认不动产物权的归属。在本案中，天津A公司可以从出资证明和一直占有使用两个方面来证明自己是真正的权利人，从而推翻不动产登记簿的记载。综上所述，应确认本案争议房屋归天津A公司所有。

案例 10

物权保护之排除妨害[①]

——龙滩水电开发有限公司诉龙某娥等排除妨害案

原告： 龙滩水电开发有限公司（以下简称龙滩水电公司）

被告： 龙某娥、陈某州、陈某江、陈某岑

【基本案情】

龙某娥系陈某州、陈某江之母，其原居住在广西壮族自治区天峨县六排镇龙坪村威陇屯寨内，家庭总人口数为四人，因老屋基房子陈旧，属于多年危房，继续居住存在安全隐患。2013年初，龙某娥想改善居住环境建造新房屋，但又认为原宅基地交通不便，风水不好，经过一番选址，于2013年3月到天峨县六排镇龙坪村姚里沟（现为龙滩水电公司葡萄园旁，征地前为龙某娥户土地）开挖基础建造房屋，但该地已被国家合法征收并划拨给龙滩水电公司作为龙滩水电站坝区建设用地，且办理了永久征地手续，发放了土地使用权证。龙滩水电公司已就该建设用地做好施工准备，且广西壮族自治区人民政府已发出通告禁止在龙滩水电站淹没区内新增建设项目和迁入人口。龙某娥在建房期间，天峨县龙滩协调

① 国家法官学院案例开发研究中心：《中国法院2016年度案例　物权纠纷》，中国法制出版社2016年版，第89页。

办召集天峨县六排镇政府领导及挂村干部、天峨县龙滩派出所等人员到现场就建房行为对龙某娥进行劝阻，要求其停止侵权行为，但龙某娥不听劝阻，强行开挖建房，现已建成二层楼房一栋。2014 年 1 月 24 日，陈某州、陈某江随母亲龙某娥从龙坪村威陇屯寨内搬到姚里沟新房居住。陈某州、陈某江之祖母赵某英，一同迁至该房屋内居住，但户口不在龙某娥户。陈某岑系龙某娥已故丈夫的姐姐，在天峨县向阳镇连迁移民点生活居住，外嫁多年但户口未迁出，仍入户在龙某娥户。

【案件焦点】

龙滩水电公司请求龙某娥等拆除房屋的请求是否成立。

【法院裁判要旨】

天峨县人民法院经审理认为：公民、法人的合法民事权益受法律保护，任何组织和个人不得侵犯。建设用地使用权人依法对国家所有的土地享有占有、使用和收益的权利，建设用地使用权自登记时设立。龙滩水电公司经国务院批准，依法开发承建龙滩水电站项目工程。国家合法征收并划拨了一片土地给龙滩水电公司作为龙滩水电站的建设用地，并发放了土地使用权证。龙滩水电公司对该建设用地依法享有占有、使用和收益的权益，任何单位和个人不得侵犯。被告在姚里沟所建房屋的土地包含在龙滩水电站建设用地地界范围内，《物权法》规定，妨害物权或者可能妨害物权的，权利人可以请求排除妨害。龙某娥在龙滩水电公司用作龙滩水电站坝区工程建设用地上建房居住已经侵犯了龙滩水电公司的合法权益，构成侵权。龙滩水电公司请求龙某娥、陈某江、陈某州、陈某岑停止侵权行为，自行拆除在姚里沟纳芋营地的房屋，于法有据，法院予以支持。对龙滩水电公司起诉龙某娥、陈某江、陈某州、陈某岑为被告，共同承担侵权责任，法院认为因陈某州、陈某江是限制民事行为能力人，随其母亲居住生活，并未参与建房，未实施侵权行为。陈某岑已外嫁至天峨县向阳镇生活居住，并未参与建房，也未在该房屋内居住，未实施侵权行为，因此龙滩水电公司起诉陈某州、陈某江、陈某岑作为被告主体不适格。依照《民法通则》第五条，《物权法》第三十五条、第一百三十五条，《中华人民共和国侵权责任法》（以下简称《侵权责任法》）第三条、第十五条的规定，判决如下：

龙某娥停止侵害，排除妨害，于判决生效后十五日内自行拆除位于姚里沟纳芋营地的房屋。

【案例评析】

本案是权利人行使妨害排除请求权的典型案例。《物权法》第三十五条规定：“妨害物权或者可能妨害物权的，权利人可以请求返还原物。”这是权利人行使妨害排除请求权的基础。在适用该条文时，首先要确认当事人对标的物享有物权。《物权法》第一百三十五条规定：“建设用地使用权人依法对国家所有的土地享有占有、使用和收益的权利，有权利用该土地建造建造物、构筑物及其附属设施。”根据案情，龙某娥选中建房的土地已被国家合法征收并划拨给龙滩水电公司作为龙滩水电站坝区建设用地，且办理了永久征地手续，发放了土地使用权证。由龙滩水电公司已就该建设用地做好施工准备可知，龙滩水电公司对该地块享有物权，而龙某娥的行为已经对龙滩水电公司行使物权构成了妨害，并且这种妨害超出了权利人的容忍程度，所以当事人有权行使请求权请求排除妨害。综上可知，龙某娥的行为妨害了龙滩水电公司行使用益物权，并且这种行为已经超出了龙滩水电公司的容忍程度，所以，龙滩水电公司有权行使排除妨害请求权，龙某娥应当停止侵害，排除妨害。

第二章　所有权

第一节　所有权概述

一、所有权的概念和特点

（一）所有权的概念

《物权法》第三十九条规定："所有权人对自己的不动产或者动产，依法享有占有、使用、收益和处分的权利。"所有权可以定义为就是所有权人在法律规定的范围内，对自己的财产以占有、使用、收益、处分等方式进行全面支配并排除他人干涉的权利。

所有权是物权制度的核心和基石，其他的权利，如用益物权和担保物权都是在所有权基础上产生的。所有权又称自物权，它是最完全的物权，是物权最充分和最典型的表现形式。

（二）所有权的特点

第一，所有权是绝对权。所有权关系的义务主体是权利人以外的一切人，义务主体的义务是不得非法干涉权利人行使权利，是一种不作为的义务。所有权人行使权利不需要他人的积极行为，只要他人不加干涉即可。

第二，所有权具有排他性。所有权人有权排除他人对于其行使权利的干涉，并且同一物上只能存在一个所有权。

第三，所有权是最完全的物权。所有权赋予权利人全面支配物的一切可能性，除了法律和公序良俗，不受任何限制。所有权集占有、使用、收益、处分于一身，是权利主体对于物所能享有的最完整、最充分的权利，是其他物权的源泉。

第四，所有权具有弹力性。所有人部分权能的全部或一部分，可以通过设定他物权或者其他形式与所有权分离，但只要没有发生使所有权消灭的法律事实（如转让、所有物灭失），所有权就不会消灭。一旦加诸其上的限制或者负担消除，所有权也就恢复圆满状态。

第五，所有权具有永久性。法律不限制所有权的存续期限，只要标的物存在，所有权就一直存在，不得预定其存续期间。

二、所有权的权能

（一）所有权的积极权能

所有权的积极权能是财产所有人积极利用所有物实现所有权而需主动进行的行为，主要包括：

1. 占有权能

占有权是指特定的所有人对于标的物为管领的事实。所有权的占有是行使使用、收益等权能的前提。所有物返还之诉针对的是占有权能。占有包括两种情形：一种是合法占有，即有法律上的根据或经所有人同意的占有，如依合法的租赁关系而占有所有人的物；另一种是非法占有，即没有法律根据又未经所有人同意而占有他人的财产。在非法占有中，又分为善意占有和恶意占有。所谓善意占有，是指不知悉或无从知悉没有占有的权利而占有他人财产；相反的，则为恶意占有。

2. 使用权能

使用权能是指依所有物的性能和用途，在不毁损物的本体或变更其性质的情形下对物加以利用，从而实现物的使用价值。一般情况下，行使物的使用权能以对物的占有为前提，但在某些场合，享有物的占有权能并不一定享有物的使用权能。例如质权人、保管人，只占有，不使用。物的使用权能，既可以由所有权人自己行使，也可以由非所有权人行使。非所有权人行使对物的使用权，须有合法的依据。无法定或约定原因而使用他人之物的，为无权使用或非法使用，使用人须返还因对物的使用而获得的不当利益并承担其他民事责任。

3. 收益权能

收益权能是指收取所有物所产生的经济利益或物质利益的权能。经济利益不限于天然孳息和法定孳息，还包括在生产经营过程中产生的劳动收益和利润。通常有使用权方有收益权，但所有权人可以将使用权能授予他人，自己保留收益权。收益权还可以与所有权分离，如企业的租赁经营。

4. 处分权能

处分权能是指依法对物进行处置，从而决定物的命运的权能。处分权能是所有权内容的核心和最重要的权能。处分包括事实上的处分与法律上的处分。事实上的处分是指对物进行实质上的变形、改造或毁损等物理上的事实行为，如拆除房屋、消费可消耗物等。法律上的处分是指使标的物所有权发生转移、限制或消灭，从而使所有权发生变动的民事行为，如转让、赠与等。法律上的处分是所有权的相对消灭。

（二）所有权的消极权能

所有权的消极权能又称排除他人干涉的权能，它是指所有权人得依法排除他人对其所有物或所有权的不法侵夺、干扰或妨害。民法学上称为所有人的物上请求权。它包括：所有权返还请求权；所有权妨害排除请求权；所有权妨害预防请求权；所有权恢复原状请求权。例如，所有权人可以制止有碍其土地采光和通风的行为，可以自力救济（如封闭土地上的通道，砍掉伸到自己土地上的树枝）。

所有权的权能包括了人对物和人对人这样两个不同层面上的权利。前者又称原权，它是所有权的核心内容；后者又称救济权，是为保障人对物的权利的充分、自由地行使而赋予所有人的、以排除他人非法干预为目的的法定权利。

三、所有权的限制

人的自由是要受限制的，所有权的行使也是要受到限制的。根据法律规定，所有权的行使须符合法律的规定或在法律允许的范围内进行，目的在于保护社会公益和他人的正当权益。所有权所受到的限制，主要体现为三个方面：一是为所有权人的容忍义务，即要求所有权人容忍他人对其所有物在一定限度内的“妨害”行为，如相邻关系的通行、采光、排水等；二是不作为义务，即要求所有权人不得任意实施某种自由支配行为，如不得滥用自己的所有权；三是积极的作为义务，即所有权人在一定情况下不仅有行使其所有权的权利，而且还应负有积极行使的义务，如加固危房、土地不得荒芜等。

案例 11

所有权的排他性在损害公共利益和他人合法权益时应得到阻却①
——肖某诉北京 A 商业集团股份有限公司物权保护案

原告： 肖某

被告： 北京 A 商业集团股份有限公司（以下简称 A 公司）

【基本案情】

2004 年 9 月，肖某从第三人北京 B 置业有限公司（以下简称 B 置业公司）处购买了位于北京市某区甘露园×号院 4 号楼（以下简称 4 号楼）商业 2 层××号房屋（以下简称××号房屋）一套，用途为商业，总金额为 254964 元。签订合同当日，肖某与案外人北京现代 C 商业管理有限公司（以下简称 C 公司）签订出租委托合同，委托期限为三年，约定期限届满前 C 公司召集商铺业主成立业主委员会，由业主委员会处理续租问题。合同期限届满后，C 公司未与肖某续签合同，退出了 4 号楼的经营。

2008 年 6 月 19 日，B 置业公司与席某等其他 11 名商铺业主注册成立了北京 D 商业管理有限公司（以下简称 D 公司）。同年 12 月 8 日，D 公司与北京 E 商贸有限公司（以下简称 E 公司）签订《委托合同》，约定由 E 公司将 4 号楼商业用房屋对外整体出租经营。后因 E 公司经营不善，D 公司于 2010 年 1 月 4 日与 B 置业公司签订了《委托商场招商租赁协议》，委托 B 置业公司对外统一出租经营，B 置业公司承诺按照不低于购房款总额的 5%向业主发放（年）租金，不足部分由其补足，超出 5%据实发放。2010 年 10 月 12 日，北京市工商行政管理局某分局认定 D 公司未按规定办理年检手续，对其作出吊销营业执照的处罚决定。

---

① 国家法官学院案例开发研究中心：《中国法院 2015 年度案例　物权纠纷》，中国法制出版社 2015 年版，第 19 页。

D公司管理期间，肖某曾收取D公司支付的租金。2010年11月1日，B置业公司与A公司签订了《租赁合同》，约定由A公司承租4号楼第1层局部及第2层、第3层的房屋，建筑面积13907.11平方米，租赁期限为15年，自2011年2月8日起至2026年2月7日，免租期为90天。合同签订后，A公司与B置业公司均依约履行了合同内容。

另外，2009年3月14日，北京市某区房屋管理局向肖某下发了××号房屋的所有权证书，但房屋平面图的四至界线记载不清。现肖某以A公司、B置业公司共同侵犯其房屋所有权为由起诉，要求A公司、B置业公司将××号房屋腾退返还，并要求A公司、B置业公司按照每日每平方米7元的标准支付自2010年11月1日起至房屋返还之日的房屋使用费。

【案件焦点】

肖某作为××号房屋的登记所有权人，能否排除障碍，要求A公司、B置业公司腾退房屋。

【法院裁判要旨】

北京市某区人民法院经审理认为：不动产权属证书系权利人享有该不动产物权的凭证，所有权人对自己的不动产或者动产，依法享有占用、使用、收益和处分的权利，但物权的行使，应当遵守法律，尊重社会公德，不得损害公共利益和他人合法权益。

本案中，肖某通过以与B置业公司签订商品房买卖合同的方式取得了××号房屋的所有权，其对该房屋享有占用、使用、收益和处分的权利。根据查明的事实，××号房屋系4号楼商业配套用房中的一部分，该房屋自交付之日即与4号楼的其他商业配套用房一并对外整体出租经营。D公司的成立虽未取得肖某的认可，但毕竟代表了甘露园×号院4号楼多数业主的意见，肖某亦实际收取了部分租金。现B置业公司受D公司的委托与A公司签订租赁合同，A公司基于该合同占有使用××号房屋。从4号楼商业配套用房的整体出租角度出发，并考虑B置业公司及A公司已投入了较大的运行费用，本院认为，肖某现要求B公司及B置业公司腾退返还房屋，不符合经济原则，亦不利于维护A公司、B置业公司及其他业主的合法权益，且××号房屋与其他房屋的界限不清，无法独立使用，故肖某要求A公司及B置业公司腾退房屋的诉讼请求，本院不予支持。

关于肖某主张的房屋使用费的承担主体问题，因B置业公司擅自将房屋出租给A公司且已收取相应租金，故其应向肖某支付房屋使用费。A公司已经向B置业公司支付了租金，不宜再由其承担肖某的房屋使用费。另外，关于房屋使用费标准及计算期间问题，根据B置业公司与D公司签订的《委托商场招商租赁协议》，B置业公司承诺按照不低于购房款总额的5%向业主发放租金，不足部分由其补足，超出5%据实发放，目前A公司向B置业公司支付了自2011年8月1日起至2013年4月30日的租金，此期间的租金标准低于肖某购房款总额的5%，故应以肖某购房款总额的5%作为房屋使用费的计算标准，并以A公司支付租金的期限作为计算期间。

北京市某区人民法院按照《民法通则》第七条，《物权法》第七条、第十七条、第三十九条的规定，判决如下：

第一，B置业公司于本判决生效之日起七日内给付肖某自2011年8月1日起至2013年4月30日的房屋使用费22309元。

第二，驳回肖某的其他诉讼请求。

肖某不服判决，提起上诉。

北京市第二中级人民法院经审理认为：物权的行使，不得损害公共利益和他人的合法权益。肖某2004年购买了××号房屋，并于2009年3月14日取得了所有权证书。××号房屋系4号楼的商业配套用房的组成部分，并无明确四至界线，与其他商业用房之间也无物理空间上的实体分割隔断，有需与其他商业用房共同发挥使用功能的特殊性，不具备独立使用之条件。肖某购房至今并未自营使用，而是于购房当日即与C公司签订《商铺委托租赁经营合同书》，委托C公司代理出租，收取相应租金，其对××号房屋宜与其他商业用房一并整体出租经营以实现收益功能的稳定性与连续性有着明确具体的认知。根据审理查明的事实，××公司退出经营后，为统一经营招商设立D公司，其设立虽未获肖某的认可同意，但现并无证据表明4号楼多数业主反对D公司成立及代理业主委托出租的行为，结合肖某等业主收取租金的情形，可以认为D公司能够代表多数业主的意见。B置业公司受D公司的委托与B公司签订租赁合同，A公司系基于租赁合同占有使用××号房屋。在B置业公司与A公司已为商业运营投入运行费用的情形下，4号楼商业配套用房亦具有整体出租的必要性，其使用方法及收益方式有着延续性和不宜变更性，现肖某要求A公司与B置业公司腾退返还××号房屋，不利于A公司、B置业公司及其他业主合法权益以及公共利益的实现，故腾退××号房屋尚不具有现实性，原审法院驳回肖某要求腾退的诉讼请求并无不当，本院予以维持。

关于房屋使用费，本院认为，综合本案全部事实，××号房屋使用费的支付宜以实际所发生收益为依据。对于支付使用费的主体问题，现A公司已为使用场地实际支付租金，不应再支付额外使用费用，应由B置业公司承担。就使用费的计算标准，鉴于代表业主利益的D公司与B置业公司所签订协议已作明确约定，按不低于购房款总额的5%发放租金，不足部分由B置业公司补足，超出则据实发放，现租金标准低于肖某购房款总额的5%，故B置业公司应以肖某购房款总额的5%为标准向其支付使用费，计算期间则以A公司支付租金的期限为准。故本院对原审法院就支付使用费问题所作判决不持异议。综上所述，肖某的上诉请求因依据不足，本院不予支持。按照《民事诉讼法》第一百七十条第一款第（一）项之规定，判决如下：

驳回上诉，维持原判。

【案例评析】

本案涉及的问题是物权的排他性与公共利益和他人合法权益的关系。根据《物权法》第二条“物权，是指权利人依法对特定的物享有直接支配和排他的权利，包括所有权、用益物权和担保物权”的规定，可以知道，所有权是具有排他性的权利，所有权的排他性表明所有权人在所有权受到妨碍或可能受到妨害时有权请求排除妨害。但是人的自由是要受限制的，所有权的排他性也不是没有界限的。《物权法》第七条规定：“物权的取得和行使，应当遵守法律、尊重社会公德、不得损害公共利益和他人的合法权益。”这表明所有权的行使须符合法律的规定或在法律允许的范围内进行，不得损害公共利益和他人的合法权益。在本案中，肖某虽然通过B置业公司购买了××号房屋，并办理了产权登记，根据《物权法》第九条“不动产物权的设立、变更、转让和消灭，经依法登记，发生效力；未经登记，不发生效力，但法律另有规定的除外”的规定，肖某已经取得了××号房屋的所有权，但由于××号房屋在空间上不具有独立性，没有明确的四至，是4号楼的商业配套用房的一部分，需要与其他商业用房配套使用，不具有独立使用的条件，它必须与4号楼商业配套用房整体出租才能发挥作用，现4号楼多数业主共同组建D公司统一经营4号楼，虽然该公司的设立未经肖某的认可，但结合肖某和其他业主已经收取租金的情况，可以认定D公司代表了大部分业主的利益，如果肖某行使房屋所有权会给商业配套用房的其他业主的合法权益和A公司、B置业公司的合法权益造成损害，故肖某基于所有权所享有的排他性权利应当受到阻却。

第二节　所有权的种类

根据《物权法》的规定，主要将所有权分为以下两种：

一、国家所有权、集体所有权、法人所有权和私人所有权

将所有权分为国家所有权、集体所有权、法人所有权和私人所有权是根据所有权主体的不同，也就是所有制的形态所做的划分。

（一）国家所有权

1. 国家所有权的概念

国家所有权是指国家对全民所有的财产享有的占有、使用、收益和处分的权利。《物权法》第四十五条第一款规定：“法律规定属于国家所有的财产，属于国家所有即全民所有。”

2. 国家所有权的特点

（1）国家所有权的主体是国家，具有唯一性。

（2）国家所有权的客体十分广泛。任何财产都可以成为国家所有权的客体，对于法律规定专属于国家所有的不动产和动产，任何单位和个人不能取得其所有权。

（3）所有权的取得方法具有特殊性。《物权法》第四十二条规定：“为了公共利益的需要，依照法律规定的权限和程序可以征收集体所有的土地和单位、个人的房屋及其他不动产。”这表明征收、税收、没收等方式只能产生国家所有权，

其他主体不能以这种方法产生所有权。

（4）所有权的行使具有特殊性。根据《物权法》第四十五条第二款的规定，国家财产由国务院代表国家行使所有权，法律另有规定的除外。但由于我国地理面积大，经济领域广泛，国家财产数量多、种类杂，遍布全国乃至整个世界，国家不可能也没必要亲自行使所有权的每项职能。根据《物权法》的规定，国家机关、国家举办的事业单位对其直接支配的不动产和动产，享有占有、使用以及依照法律和国务院的有关规定处分的权利。国家出资的企业，由国务院、地方人民政府依照法律、行政法规规定分别代表国家履行出资人职责，享有出资人权益。这说明，在实践中，国务院、地方人民政府、国家举办的事业单位、国家出资的企业都依法律规定，分别代表国家行使国家所有权的部分职能。

（5）国家所有权的保护具有一定的特殊性。《物权法》关于国家所有权的保护主要在以下几个方面具有特殊性：①国家所有的财产受法律保护，禁止任何单位和个人侵占、哄抢、私分、截留、破坏；②履行国有财产管理、监督职责的机构及其工作人员，应当依法加强对国有财产的管理、监督，促进国有财产保值增值，防止国有财产损失；滥用职权，玩忽职守，造成国有财产损失的，应当依法承担法律责任；③违反国有财产管理规定，在企业改制、合并分立、关联交易等过程中，低价转让、合谋私分、擅自担保或者以其他方式造成国有财产损失的，应当依法承担法律责任；④没有授权给公民或法人经营管理的国有财产受到损害的，不受诉讼时效的限制。

（二）集体所有权

1. 集体所有权的概念

集体所有权是指集体经济组织依法对集体财产享有的占有、使用、收益、处分并排除他人干涉的权利。

2. 集体所有权的特点

（1）集体所有权的主体具有团体性，是由个体成员所组成的集体。

（2）集体所有权的主体是为数众多的劳动群众集体组织，具有多元性。

（3）集体所有权的客体范围受到一定限制，具有有限的广泛性。集体所有权的客体范围具体见《物权法》第五十八条的规定。

（4）集体所有权可以由集体直接行使，也可由其代表行使，重要事项应依照法定程序经本集体成员决定。

（三）法人所有权

法人所有权是指企业法人对其不动产和动产依照法律、法规及章程享有的占有、使用、收益、处分并排除他人干涉的权利。《物权法》第六十七条规定："国家、集体和私人依法可以出资设立有限责任公司、股份有限公司或者其他企业。国家、集体和私人所有的不动产或者动产，投到企业的，由出资人按照约定或者出资比例享有资产收益、重大决策以及选择经营管理者等权利并履行义务。"《物权法》第六十八条规定："企业法人对其不动产和动产依照法律、行政法规以及章程享有占有、使用、收益和处分的权利。企业法人以外的法人，对其不动产和动产的权利，适用有关法律、行政法规以及章程的规定。"

（四）私人所有权

1. 私人所有权的概念

私人所有权是指自然人个人对合法取得的不动产和动产享有的占有、使用、收益、处分并排除他人干涉的权利。

2. 私人所有权的客体范围

根据《物权法》第六十四条、第六十五条的规定，私人所有权的客体包括：①私人对其合法的收入、房屋、生活用品、生产工具、原材料等不动产和动产享有所有权。②私人合法的储蓄、投资及其收益受法律保护。③国家依照法律规定保护私人的继承权及其他合法权益。

3. 《物权法》对私人所有权的保护

《物权法》第三条规定："国家在社会主义初级阶段，坚持公有制为主体、多种所有制经济共同发展的基本经济制度。国家巩固和发展公有制经济，鼓励、支持和引导非公有制经济的发展。国家实行社会主义市场经济，保障一切市场主体的平等法律地位和发展权利。"《物权法》第四条规定："国家、集体、私人的物权和其他权利人的物权受法律保护，任何单位和个人不得侵犯。"这两条的规定坚持"国家、集体和私人的物权"平等保护的原则。《物权法》第六十六条规定了对私人所有权的特别保护："私人的合法财产受法律保护，禁止任何单位和个人侵占、哄抢、破坏。"

二、动产所有权与不动产所有权

根据所有权的客体性质，所有权可以分为动产所有权和不动产所有权。

动产所有权是指以动产为客体的所有权；不动产所有权是以不动产为客体的所有权。这里我们主要介绍几种不动产所有权。

（一）土地所有权

1. 土地所有权的概念

土地所有权是指以土地为权利客体的不动产所有权。土地所有权有以下两个特征：①土地所有权的公益性强于其私益性。土地所有权体现了公益性和私益性的结合，即土地所有权所蕴含的利益，不仅为个人而存在，还为全体社会成员的利益而存在。②土地所有权优位向土地用益权优位转变。近现代以来，法律更重视对土地用益物权的保障。

2. 土地所有权的限制与空间权的出现

土地所有权的范围是指土地所有权的效力及其行使所及的界限。横的方面，人为划定四界。纵的方面，不仅包括地面，还包括上下的范围。在我国，对于土地所有权及地上地下的效力是有限制的。这种限制体现在两个方面：一是土地所有权的支配力，仅限于其行使受到法律保护的利益的范围，对此，范围外地上地下的空间行使权利，土地所有权人不得排除。二是法律上的限制，法律对土地所有权的限制体现为相邻关系、国防、通信、交通等多个方面。

空间权的出现，要求对土地所有权范围进行限制。所谓空间权，是指以土地地表之上的一定空间或地表之下的一定地身为客体而成立的一种不动产权利[①]。如空中走廊、地下停车场等。

3. 我国的土地所有权制度

我国实行土地公有制。我国土地所有权具有如下特点：①主体的特定性。我国实行土地公有制，所以在我国，土地所有权主体只能是国家或农村集体，任何组织和自然人都不能成为土地所有权人。②交易的禁止性。由于土地公有，所以流转的只能是土地使用权，严禁土地所有权自由交易。③实现手段的特殊性。土

① 郭明瑞、房绍坤：《民法》（第四版），高等教育出版社 2017 年版，第 197 页。

地归国家或集体所有，但国家或集体一般并不直接行使土地所有权，而是通过建设用地使用权制度和土地承包经营权制度，由单位及个人使用和经营土地。④用途管制的严格性。由国务院土地行政主管部门统一负责。

我国土地所有权制度具体包括国有土地所有权和集体土地所有权。

属于国家所有的土地由国家享有其所有权，但国家一般不直接对土地行使所有权，而是由国务院主管部门负责统一管理全国的土地，县级以上人民政府负责管理本行政区域内的土地。国有土地所有权具有以下特点：①所有权的主体是国家。②所有权的客体具有确定性。③国家土地所有权可以因征收取得。④国有土地的使用权可以依法出让或者转让。

集体土地所有权是由各个独立的集体组织享有的，对其所有的土地的独占性享有权利。集体土地所有权具有以下特点：①集体土地所有权的主体为农民集体。②集体土地所有权客体为法律规定属于国家所有以外的农村和城市郊区的土地。③农民集体所有和国家所有由农民集体使用的耕地、林地、草地以及其他用于农业的土地，依法实行土地承包经营制度；农民集体的成员，依法取得宅基地使用权。

（二）房屋所有权

房屋所有权是指所有权人在法律规定的范围内对其房屋独占性地支配并得以排除他人干涉的权利。在我国，根据房屋坐落位置的不同，可以分为城镇房屋和农村房屋。在房屋和土地的关系上，我国《物权法》坚持房地一体流转的原则。

（三）建筑物区分所有权

1. 建筑物区分所有权的概念与特点

建筑物区分所有权简称为区分所有权，是指多个区分所有权人共同拥有一栋区分所有建筑物时，各区分所有权人对建筑物专有部分所享有的专有所有权和对共有部分所享有的共有权的总称[①]。《物权法》第七十条规定：“业主对建筑物内的住宅、经营性用房等专有部分享有所有权，对专有部分以外的共有部分享有共有和共同管理的权利。”

建筑物区分所有权的特点表现在以下几个方面：①内容具有复合性，即建筑物区分所有权系并不是一种单独的权利，它由专有所有权、共有部分的持分权和

① 郭明瑞、唐广良、房绍坤：《民商法原理（二）》，中国人民大学出版社1999年版，第83页。

区分所有权人的成员权所构成。②专有所有权的主导性，即区分所有权人取得专有所有权意味着同时取得了共有部分的持分权及成员权，专有所有权的大小还决定着共有部分的持分权及成员权的大小。③权利主体具有多重身份，即区分所有权人在身份上具有多重性，一个区分所有权人同时是专有部分的所有人、共有部分的持分权人及共同事务管理的成员权人。④流转的一体性，即专有所有权与共有部分的持分权及成员权结为一体，不可分离，转让、处分、抵押、继承时须一并进行。《物权法》第七十条第二款规定："业主转让建筑物内的住宅、经营性用房，其对共有部分享有的共有和共同管理的权利一并转让。"⑤共有部分的义务具有不可放弃性。《物权法》第七十二条第一款规定："业主对建筑物专有部分以外的共有部分，享有权利，承担义务；不得以放弃权利不履行义务。"

2. 专有所有权

专有所有权是指区分所有权人对其建筑物专有部分享有的自由使用、收益、处分的权利。《物权法》第七十一条规定："业主对其建筑物专有部分享有占有、使用、收益和处分的权利。业主行使权利不得危及建筑物的安全，不得损害其他业主的合法权益。"专有权客体的专有部分是指在构造上能明确区分、独立，具有排他性且可独立使用的建筑物部分，如一栋楼中的一套单元房。最高人民法院《关于审理建筑物区分所有权纠纷案件具体应用法律若干问题的解释》第二条规定："建筑区划内符合下列条件的房屋以及车位、摊位等特定空间，应当认定为专有部分：（一）构造上具有独立性，能够明确区分；（二）利用上具有独立性，可以排他使用；（三）能够登记成为特定业主所有权的客体。规划上专属于特定房屋，且建设单位销售时已经根据规划列入该特定房屋买卖合同中的露台等，应当认定为物权法第六章所称的专有部分的组成部分。"各区分所有权人之间具有相互制约性。由于共有一建筑物，各专有部分互相连接，使区分所有权人之间具有共同利益，在使用上也是相互制约的，各所有人在行使自己的专有权时，不得危害建筑物的安全，不得损害其他共有人的权利。

3. 共用部分持分权

共有部分持分权也称共有部分的共有权或简称共有权，是指区分所有权人依照法律或管理规约的规定，对建筑物专有部分以外的共有部分所享有的占用、使用及收益的权利。《物权法》第七十二条第一款规定："业主对建筑物专有部分以外的共有部分，享有权利，承担义务；不得以放弃权利不履行义务。"

共有权的客体是建筑物除专有部分以外的共有部分，如道路、绿地、公用设施等。共有部分有些为全体业主共有，有些则仅为部分业主共有。《物权法》第七十三条、第七十四条、第七十九条、第八十条对此做了规定。第七十三条规定："建筑区划内的道路，属于业主共有，但属于城镇公共道路的除外。建筑区划内的绿地，属于业主共有，但属于城镇公共绿地或者明示属于个人的除外。建筑区划内的其他公共场所、公用设施和物业服务用房，属于业主共有。"第七十四条规定："建筑区划内，规划用于停放汽车的车位、车库应当首先满足业主的需要。建筑区划内，规划用于停放汽车的车位、车库的归属，由当事人通过出售、附赠或者出租等方式约定。占用业主共有的道路或者其他场地用于停放汽车的车位，属于业主共有。"第七十九条规定："建筑物及其附属设施的维修资金，属于业主共有。经业主共同决定，可以用于电梯、水箱等共有部分的维修。维修资金的筹集、使用情况应当公布。"第八十条规定："建筑物及其附属设施的费用分摊、收益分配等事项，有约定的，按照约定；没有约定或者约定不明确的，按照业主专有部分占建筑物总面积的比例确定。"最高人民法院《关于审理建筑物区分所有权纠纷案件具体应用法律若干问题的解释》第三条规定："除法律、行政法规规定的共有部分外，建筑区划内的以下部分，也应当认定为物权法第六章所称的共有部分：①建筑物的基础、承重结构、外墙、屋顶等基本结构部分，通道、楼梯、大堂等公共通行部分，消防、公共照明等附属设施、设备，避难层、设备层或者设备间等结构部分；②其他不属于业主专有部分，也不属于市政公用部分或者其他权利人所有的场所及设施等。建筑区划内的土地，依法由业主共同享有建设用地使用权，但属于业主专有的整栋建筑物的规划占地或者城镇公共道路、绿地占地除外。"

4. 共同事务管理的成员权

成员权是指区分所有权人对于建筑物的公用部分及其附属设施进行管理所享有的权利和承担的义务。

业主的成员权的内容非常广泛，体现在《物权法》多个条文中。《物权法》第七十五条规定："业主可以设立业主大会，选举业主委员会。地方人民政府有关部门应当对设立业主大会和选举业主委员会给予指导和协助。"第七十六条规定："下列事项由业主共同决定：①制定和修改业主大会议事规则；②制定和修改建筑物及其附属设施的管理规约；③选举业主委员会或者更换业主委员会成员；④选聘和解聘物业服务企业或者其他管理人；⑤筹集和使用建筑物及其附属设施的维修资金；⑥改建、重建建筑物及其附属设施；⑦有关共有和共同管理权利的其他重大事项。决定前款第五项和第六项规定的事项，应当经专有部分占建筑物总面积三分之二以上的业主且占总人数三分之二以上的业主同意。决定前款其他事项，应当经专有部分占建筑物总面积过半数的业主且占总人数过半数的业主同意。"《物权法》第七十八条规定："业主大会或者业主委员会的决定，对业主具有约束力。业主大会或者业主委员会作出的决定侵害业主合法权益的，受侵害的业主可以请求人民法院予以撤销。"《物权法》第八十三条规定："业主应当遵守法律、法规以及管理规约。业主大会和业主委员会，对任意弃置垃圾、排放污染物或者噪声、违反规定饲养动物、违章搭建、侵占通道、拒付物业费等损害他人合法权益的行为，有权依照法律、法规以及管理规约，要求行为人停止侵害、消除危险、排除妨害、赔偿损失。业主对侵害自己合法权益的行为，可以依法向人民法院提起诉讼。"

案例 12

业主知情权的正当行使①

——黄某、高某诉南宁市某新城业主委员会业主知情权案

原告（上诉人）：黄某、高某

被告（被上诉人）：南宁市某新城业主委员会

【基本案情】

南宁市某新城业主委员会经南宁市房产管理局备案登记成立，在任期内，对小区电费公摊计算情况、排污综合治理工程资金运行情况、公共维修资金的收支情况及小区车位、车库处分及收支情况制作成统计报表、会议记录，并在外墙公告栏、活动宣传木板和办公室墙壁上张贴公布。此外，还制作相关书面资料并存档。黄某、高某均系安某城业主，两人以多次要求某新城业主委员会向业主公布

① 国家法官学院案例开发研究中心：《中国法院 2014 年度案例 物权纠纷》，中国法制出版社 2014 年版，第 142 页。

明细账目和原始票据均遭拒绝、其知情权受侵犯为由，起诉要求该业主委员会向全体业主公开2007年8月至2011年2月某新城小区建筑物及附属设施维修资金的收支明细、某新城小区业主委员会会议记录、小区建筑规划内规划车位、车库的处分情况及收支明细。

【案件焦点】

黄某、高某行使业主知情权是否正当。

【法院裁判要旨】

广西壮族自治区南宁市某区人民法院经审理认为：南宁市某新城业主委员会代表小区全体业主，行使小区管理权，各业主对业主委员会享有监督权和知情权，但某新城业主委员会提供的书面证据及证人证言证实其已将黄某、高某诉请公开的2007年8月至2011年2月小区建筑物及附属设施维修资金的收支明细及小区建筑规划内规划车位、车库的处分情况及收支明细制成统计报表，在小区宣传栏等公共部位予以公布，会议记录也向业主公开，黄某、高某主张该业主委员会未向业主公开相关材料，并要求其再次向全体业主公开没有事实和法律依据，法院不予支持。

广西壮族自治区南宁市某区人民法院依照《关于审理建筑物区分所有权纠纷案件具体应用法律若干问题的解释》第十三条、《最高人民法院关于民事诉讼证据的若干规定》第二条之规定，判决如下：

驳回原告黄某、高某的诉讼请求。

黄某、高某持一审起诉意见提起上诉。广西壮族自治区南宁市中级人民法院经审理认为：业主知情权的义务主体应视业主知情权的具体内容而定。某新城业主委员会系“建筑物及其附属设施的维修资金的筹集、使用情况”“管理规约、业主大会议事规则，以及业主大会或者业主委员会的决定及会议记录”等业主知情权内容的义务主体。但是业主知情权的行使并非毫无限制，业主在行使知情权时主观上必须具有正当目的，即业主行使知情权的目的与保护业主的合法权益具有直接关系，此为对业主知情权行使的限制。业主行使知情权，应首先向相关义务主体提出申请并说明目的，相关义务主体无理拒绝时，业主即可向人民法院申请业主知情权的保护。本案中，黄某、高某无证据证明某新城业主委员会无理拒绝其行使业主知情权的请求，且未就行使业主知情权的主观正当性作出合理陈述，故黄某、高某行使业主请求权的限制条件未获满足，其诉请尚不能成立，法院不予支持。

广西壮族自治区南宁市中级人民法院依照《民事诉讼法》第一百五十三条第一款第（一）项、第一百五十八条之规定，判决如下：

驳回上诉，维持原判。

【案例评析】

业主知情权是建筑物区分所有权中共同事务管理的成员权的内容。业主知情权主要体现在下列条文中：《物权法》第七十九条规定："建筑物及其附属设施的维修资金，属于业主共有。经业主共同决定，可以用于电梯、水箱等共有部分的维修。维修资金的筹集、使用情况应当公布。"《最高人民法院关于审理建筑物区分所有权纠纷案件具体应用法律若干问题的解释》第十三条规定："业主请求公布、查阅下列应当向业主公开的情况和资料的，人民法院应予支持：①建筑物及其附属设施的维修资金的筹集、使用情况；②管理规约、业主大会议事规则，以及业主大会或者业主委员会的决定及会议记录；③物业服务合同、共有部分的使用和收益情况；④建筑区划内规划用于停放汽车的车位、车库的处分情况；⑤其他应当向业主公开的情况和资料。"《物业管理条例》第六条规定："房屋的所有权人为业主。业主在物业管理活动中，享有下列权利：①按照物业服务合同的约定，接受物业服务企业提供的服务；②提议召开业主大会会议，并就物业管理的有关事项提出建议；③提出制定和修改管理规约、业主大会议事规则的建议；④参加业主大会会议，行使投票权；⑤选举业主委员会成员，并享有被选举权；⑥监督业主委员会的工作；⑦监督物业服务企业履行物业服务合同；⑧对物业共用部位、共用设施设备和相关场地使用情况享有知情权和监督权；⑨监督物业共用部位、共用设施设备专项维修资金（以下简称专项维修资金）的管理和使用；⑩法律、法规规定的其他权利。"按照上述法律的规定，业主依法享有知情权，但权利的行使必须要有正当的理由，否则就会导致权利的滥用。在本案中，业主委员会在任期内，对小区电费公摊计算情况、排污综合治理工程资金运行情况、公共维修资金的收支情况及小区车位、车库处分及收支情况制作成统计报表、会议记录，并在外墙公告栏、活动宣传木板和办公室墙壁上张贴公布。此外，还制作相关书面资料并存档，因此应认为其已履行公开有关情况的义务。因此，原告的诉讼请求没有得到支持。

案例 13

架空层是否属于业主共有公用面积[1]

——刘某等诉广西钦州某置业有限责任公司业主共有权案

原告： 刘某等 74 人

被告： 广西钦州某置业有限责任公司

【基本案情】

位于钦州市北部湾大道 51 号的华信·香江花园项目由被告广西钦州某置业有限责任公司投资开发建设，于 2009 年 2 月 8 日竣工验收合格。该项目第三栋即翡翠华庭共有 108 套商品房，底层为开放式架空层。2008 年 3 月至 2009 年 8 月期间，74 名原告分别与被告签订《商品房买卖合同》及《商品房买卖合同补充协议》各一份，《商品房买卖合同》约定，由原告分别购买被告华信·香江花园第 3 栋的商品房一套。《商品房买卖合同补充协议》第三条第六款约定“除业主成套房屋建筑面积及共有建筑面积（已公摊给业主面积）外，其余建筑面积产权均归开发商所有”，同时约定其他条款。合同签订后，被告按合同约定交付房屋给原告，现华信·香江花园第三栋 108 户业主均已入住。2011 年，被告通过与华信·香江花园第三栋的部分业主签订《车位委托经营合同》《停车位租赁合同》的方式对翡翠华庭架空层停车位进行有偿委托业主经营和出租。原告认为，该架空层属第三栋全体业主所有而引发本案诉讼。

【案件焦点】

第一，原告是否为适格的诉讼主体；第二，本案争议的架空层权属归原告所有或是被告所有。

【法院裁判要旨】

广西壮族自治区钦州市钦南区人民法院经审理认为：关于第一个焦点问题，

---

① 国家法官学院案例开发研究中心：《中国法院 2014 年度案例　物权纠纷》，中国法制出版社 2014 年版，第 144 页。

《物权法》第七十六条规定："下列事项由业主共同决定；（一）制定和修改业主大会议事规则；（二）制定和修改建筑物及其附属设施的管理规约；（三）选举业主委员会或者更换业主委员会成员；（四）选聘和解聘物业服务企业或者其他管理人；（五）筹集和使用建筑物及其附属设施的维修资金；（六）改建、重建建筑物及其附属设施；（七）有关共有和共同管理权利的其他重大事项。决定前款第五项和第六项的事项应当经专有部分占建筑总面积三分之二以上的业主且占总人数三分之二以上的业主同意。决定前款其他事项，应当经专有部分占建筑物总面积过半数的业主且占总人数过半数的业主同意。"本案属业主共有权纠纷，应属第七项"有关共有和共同管理权利的其他重大事项"，本案中华信·香江花园第三栋（翡翠华庭）共有业主108户，现提起诉讼的原告有57户74人，已超半数，且专有部分占建筑物总面积过半数，符合以上法律规定，因此原告作为诉讼主体适格。

关于第二个焦点问题，本案争议的架空层是建筑物中仅有结构支撑而无外围护结构的开敞空间层，具有构造的独立性和完全独立的经济效用，该架空层由被告投资建设。钦州市建设规划委员会在《建设工程规划许可证审批单》中已明确架空层折算一半建筑面积，计入建筑总面积内，架空层的审批用途为架空停车，且没有与业主公摊建筑面积，不属于第三栋业主的共有公用建筑面积。原告和被告签订的《商品房买卖合同补充协议》第三条第六款约定："除业主成套房屋属建筑面积及共有公用建筑面积（已公摊给业主面积）外，其余建筑面积产权均归开发商所有。"该约定没有违反法律、行政法规的强制性规定，根据合同当事人的意思自治原则及《物权法》第七十四条第三款"建筑区划内，规划用于停放汽车的车位、车库的归属，由当事人通过出售、附赠或者出租等方式约定"的规定，本案争议的架空层属被告所有，被告将架空层车位采取有偿委托经营及出租的行为是其行使合法的处分权。

综上所述，原告要求确认华信·香江花园第三栋单体建筑房屋架空层属第三栋全体业主共有，要求被告将架空层交付第三栋全体业主管理使用的诉讼请求没有法律依据和合同依据，不予支持。

广西壮族自治区钦州市钦南区人民法院依照《物权法》第七十条第三款的规定，作出如下判决：

驳回原告刘某等74人的诉讼请求。

【案例评析】

本案争议的焦点是架空层是否属于业主共有部分。按照《物权法》第七十三条、第七十四条、第七十九条、第八十条和最高人民法院《关于审理建筑物区分所有权纠纷案件具体应用法律若干问题的解释》第三条的规定，建筑物除专有部分以外的就是共有部分，如道路、绿地、公共场所、公用设施、物业服务用房、占用公用道路和绿地建设的停车位、维修基金等。共有部分有些为全体业主共有，有些则仅为部分业主共有。

本案中的架空层由被告投资建设，按照钦州市建设规划委员会在《建设工程规划许可证审批单》的规定，该架空层折算一半建筑面积，计入建筑总面积内，架空层的审批用途为架空停车，且没有与业主公摊建筑面积，所以该架空层不属于第三栋业主的共有公用建筑面积，而且在原告和被告签订的《商品房买卖合同补充协议》第三条第六款约定的"除业主成套房屋属建筑面积及共有公用建筑面积（已公摊给业主面积）外，其余建筑面积产权均归开发商所有"中也可以看出，该架空层属于被告所有。综上所述，原告的诉讼请求不能得到支持。

第三节　所有权的取得方式

一、先占

（一）先占的概念和成立要件

先占是指占有人以所有的意思，先于他人占有无主动产并进行管领和支配的事实。先占在性质上是一种事实行为，不要求先占人具有完全民事行为能力。先占的法律后果就是由先占人取得该无主物的所有权。需要注意的是，若法律规定某些动产专属于国家，比如列入国家保护的动植物，即使未为任何人所有也不是无主物，不能通过先占而取得所有权。

先占的成立要求有以下几个条件：

1. 先占的客体须是无主物

无主物是指现在不属于任何人所有之物。与遗失物相区别，遗失物不是无主物，它只是暂时与所有人相脱离。无主物包括从来就没有所有人的物和所有人抛弃之后现在没有所有人的物。无主物如山中的野花，野果，先行采摘者即基于先占而获得所有权；如所有人抛弃的病牛，先占者捡牛，将其医好，即基于先占而获得所有权。

2. 先占之物限于动产

不动产的取得有特定的程序，因而不能基于先占而取得。各国法律一般不规定哪些动产可以成为先占的客体，但通说认为有几类动产不能成为先占的标的物：①法律禁止流通的物，如枪支弹药、毒品；②依诚实信用和善良风俗不得认定为无主物的物品，如尸体；③国家保护的文物与珍稀动植物；④位于他人有使用权的土地上的无主动产，非经土地使用权人许可，不得依先占取得，但依照当地习惯无须许可的除外。

3. 先占人的占有必须具有所有的意思

一方面，先占人应有“所有的意思”，即有将占有的动产归于自己管领支配的意思。另一方面，由于先占是一种事实行为，所以先占人必须实际占有动产。如果行为人仅仅是发现了无主动产而没有进行占有，是不能构成先占的。

4. 先占不得违反法律、法规的规定

如在禁猎区、禁渔期内狩猎、捕捞或者猎获、摘取受法律保护的珍稀野生动植物等，都不能成立先占。

（二）先占的法律后果

先占具备了上述四个条件后，由先占人取得动产的所有权。我国《物权法》和相关法律并未对先占制度作出明确规定，但从司法实践来看，应认定我国是认可先占制度的，目前在实践中我国主要是依据共同生活习惯来认可。

二、善意取得

（一）善意取得的概念和意义

善意取得又称即时取得，是指无处分权人将其占有的他人动产或登记在其名下的他人的不动产转让给第三人，若第三人在交易时出于善意即可取得该动产的所有权，原所有权人不得追夺的法律制度。[①] 善意取得制度起源于日耳曼法“以手护手”制度，根据这一原则，所有权人在其动产由他人占有后被无权转让给善意第三人的情况下，只能向侵犯其权利的相对人要求返还或赔偿，而不能向第三人要求返还；不知情的第三人对财产占有具有移转所有权或其他物权（如动产质权、留置权等）的效力。法律规定善意取得制度，主要是为了维护交易安全。

（二）善意取得的构成要件

根据《物权法》第一百零六条的规定，善意取得的构成要件有以下几项：

其一，受让人取得该不动产或者动产时是善意的；“善意”要求受让人受让时不知道或不应当知道出让人是无权处分人。

其二，受让人须通过有偿行为取得；我国《物权法》规定“以合理的价格转让”的条件，就是说受让人取得标的物必须付出了合理的价格，所以赠与等无偿行为或明显低于市场价的低价交易行为不能发生善意取得的效果。

其三，受让人已经完成权利取得所必需的公示行为；转让的不动产或动产按照法律规定应当登记的已经完成登记，不需要登记的已经完成交付。

（三）善意取得的效力

善意取得发生后，善意第三人取得不动产或动产的所有权，原权利人丧失该财产的所有权，不得向受让人主张返还，只能向无权处分人主张损害赔偿。

三、拾得遗失物

（一）拾得遗失物的概念和成立要件

拾得遗失物是指发现他人遗失的物而占有的人，在符合一定条件时予以占有的事实。拾得遗失物的成立，需要具备以下两个要件：

其一，须有拾得的行为，首先发现了遗失物，其次要实际占有遗失物。

其二，标的物须是遗失物。遗失物不是无主物，而是所有人遗忘于某处，不为任何人占有的物。遗失物只能是动产，不动产不存在遗失的问题。遗失物也不

---

① 郭明瑞、房绍坤：《民法》（第四版），高等教育出版社 2017 年版，第 202 页。

能是无主财产，只是所有人暂时丧失了对物的占有。

（二）拾得遗失物的效力

《物权法》第一百零九条至第一百一十三条对拾得遗失物的规则进行了规定。

1. 拾得人的返还义务

《物权法》第一百零九条规定：“拾得遗失物，应当返还权利人。”

2. 拾得人的通知或上交义务

《物权法》第一百零九条规定：“拾得人应当及时通知权利人领取，或者送交公安等有关部门。”

3. 拾得人的保管义务

《物权法》第一百一十一条规定：“拾得人在遗失物送交有关部门前，有关部门在遗失物被领取前，应当妥善保管遗失物。因故意或者重大过失致使遗失物毁损、灭失的，应当承担民事责任。”

4. 拾得人的费用偿还请求权和依据悬赏广告而获得报酬的权利

《物权法》第一百一十二条规定：“权利人领取遗失物时，应当向拾得人或者有关部门支付保管遗失物等支出的必要费用。权利人悬赏寻找遗失物的，领取遗失物时应当按照承诺履行义务。拾得人侵占遗失物的，无权请求保管遗失物等支出的费用，也无权请求权利人按照承诺履行义务。”

5. 无人认领时国家取得所有权

《物权法》第一百一十三条规定：“遗失物自发布招领公告之日起六个月内无人认领的，归国家所有。”

四、发现埋藏物

（一）发现埋藏物的概念和成立要件

发现埋藏物是指发现埋藏物的所在并予以占有的事实行为。成立发现埋藏物，需要具备以下两个条件：

1. 须有发现

成立发现埋藏物，首先得发现埋藏物的存在地点，其次得将埋藏物进行占有。

2. 标的物须为埋藏物

标的物是指埋藏或隐藏于他物之中的物，不易被发现。埋藏物并非无主物，只是所有权人暂时不明。

（二）发现埋藏物的效力

《物权法》第一百一十四条规定："拾得漂流物、发现埋藏物或者隐藏物的，参照拾得遗失物的有关规定。文物保护法等法律另有规定的，依照其规定。"发现埋藏物以后，有两种选择：一是交还其所有人或继承人；二是上交国家，国家会根据埋藏物的情况给予一定的物质奖励。

五、添附

添附是附合、混合与加工三种形式在理论上的统称，主要是指不同所有权人的动产或不动产结合、混合在一起或者不同人的劳力与物结合在一起而形成一种不可分割的混合物或者新的性质的物。添附主要有三种形式：附合、混合、加工。

（一）附合

附合是指不同所有权人的物结合在一起而形成新物。因附合而形成的新物，称之为附合物。附合物有两种形式，即动产与不动产的附合及动产与动产的附合。在确定新物归属时，前者归属不动产所有人，但应给原动产所有人补偿；后者按主从物归属，不能区分的按价值大小确定归属，再给予另一方补偿。

（二）混合

混合是指不同所有权人的动产互相混杂在一起而成为新物。在确定新物归属上参考动产与动产附合的归属原则。

（三）加工

加工是指对他人的动产进行制作、改造，使之形成一种具有更高价值的新物。在确定新物归属上，以材料主义为原则，以加工主义为例外。

案例 14

无权处分的受让人是否构成善意取得的认定①
——缪某诉祖某等物权保护案

原告（被上诉人）：缪某

被告（被上诉人）：耿某

被告（上诉人）：祖某

【基本案情】

耿某甲生前曾办理公证遗嘱，声明去世后将其个人所有的北京市某区兴隆街1号楼东门××号房屋留给缪某所有。耿某甲死亡后，缪某于2009年3月起诉包括耿某在内的耿某甲的三位法定继承人，要求确认诉争房屋归其所有。同年9月28日，法院判决支持缪某的诉讼请求，二审维持了该判决。该案诉讼期间，耿某采取隐瞒手段申请房屋所有权转移登记，并取得房屋使用权证。2009年5月6日，耿某与祖某签订《存量房屋买卖合同》，将诉争房屋出售给祖某，载明的房地产经纪执业人员为支某，房屋成交价格为人民币50万元。但支某出具书面证言，称其已于2007年8月离开某公司，从未参与签署上述合同，对此毫不知情。

祖某认可实际的房屋买卖经办人不是支某而是白某。祖某提交白某证言、《房屋买卖合同》及《房屋买卖居间合同》，证明房屋实际成交价是96万元，约定签合同时支付定金1万元，办理房屋过户时支付余款95万元，为了少交税，故双方约定合同价款写为50万元。祖某称其系通过网络发现诉争房屋出售信息，且委托中介代理房屋买卖事宜并支付代办过户手续费3000元，证明其已尽到谨慎注意义务。经核实，白某称是耿某给其打电话说找到了买主，让其协助签合同及办理过户，这并非中介公司正常的业务流程，仅是代办过户。

2009年5月7日，祖某通过银行转账向耿某支付95万元。诉争房屋所有权人现登记为祖某，登记时间为2009年5月13日。经评估，诉争房屋价值共计

---

① 国家法官学院案例开发研究中心：《中国法院2013年度案例　物权纠纷》，中国法制出版社2013年版，第5页。

150.13 万元。另查，贵州省六枝特区公安局某派出所出具证明称耿某女婿曾某原户籍住址与祖某户籍住址同为贵州省六枝某社区，两人居住地相距仅 300 米。

【案件焦点】

祖某购买诉争房屋是否构成善意取得。

【法院裁判要旨】

北京市某区人民法院经审理认为：我国《合同法》规定，恶意串通，损害国家、集体或第三人利益的合同无效。耿某在遗赠纠纷一案未了结时出售诉争房屋，在主观上存有恶意自无异议，故本案争议焦点为祖某在签订合同时是否存在恶意。祖某称其通过网络发现诉争房屋出售信息，但未就此举证；其称委托代理过户手续经办人是白某，但合同写明的经办人却是早已离职的支某；房屋买卖居间合同骑缝章不完整；白某收取的是代办过户费 3000 元，并非正常的中介费；耿某、祖某并非通过中介公司达成买卖合同，而是在达成买卖合同合意后找到白某办理手续。根据评估，诉争房屋价格共计 150.13 万元，祖某称实际交易价格为 96 万元，低于评估价格的 70%，不具有合理性。房产证的登记时间为 2009 年 5 月 13 日，祖某却在 5 月 7 日就向耿某转账 95 万元，不符合交易习惯。结合证人陈某及郭某的证言，从合同签订过程、交易价格及房价款支付各方面，都难以形成祖某在签订合同时具有主观善意的内心确信。考虑到耿某女婿曾某与耿某的关系及派出所出具的证明，不排除耿某与祖某购房前认识的可能。故祖某与耿某签订诉争房屋买卖合同时存有主观恶意，其行为发生在缪某与耿某等人遗赠纠纷一案诉讼期间，损害了缪某的合法权益。

北京市某区人民法院依照《合同法》第五十二条第（三）项及《民事诉讼法》第一百三十条之规定，作出如下判决：

被告耿某与被告祖某之间于 2009 年 5 月 6 日就北京市某区兴隆街一号东门××号房屋所签订的《存量房屋买卖合同》无效。

祖某以其不知诉争房屋存在纠纷，已支付 96 万元房款，且已办理房屋过户手续，应当善意取得该房屋所有权为由提起上诉。北京市第一中级人民法院经审理认为：依照法律规定，善意取得需满足三个条件：①受让人受让该财产时是善意的；②以合理的价格转让；③转让的财产依照法律规定应当登记的已经登记，不需要登记的已经交付。因此，祖某在购买诉争房屋时，应当对该房屋居住、使用情况及房屋是否能够交付等基本情况做详细了解，然后再慎重地交易、付款等。但祖某没有提供充分、确实的证据证明其在购买房屋时进行了慎重的选择，其受让诉争房产时不构成善意。关于诉争房屋的价格，经评估共计为 150.13 万元。祖某购买该房屋的交易价格为 96 万元，低于评估价格的 70%，故诉争房屋并未以合理价格转让。综上所述，一审法院认定祖某不构成善意取得，判决确认耿某与祖某之间就诉争房屋签订的《存量房屋买卖合同》无效是正确的，符合法律的规定。祖某认为其构成善意取得，但没有提供充分、有效的证据予以证明，其上诉请求不符合法律的规定，不能成立。

北京市第一中级人民法院依照《民事诉讼法》第一百三十条、第一百五十三条第一款第（一）项之规定，作出如下判决：

驳回上诉，维持原判。

【案例评析】

本案涉及的问题是受让人祖某在出让人耿某无权处分的情况下是否可以基于善意取得制度取得诉争房屋的所有权。善意取得制度是指无权处分人将他人的财产转让给第三人时，若第三人是善意的，且已经支付合理对价并完成交付，则第三人可以取得财产的所有权。法律规定善意取得制度，主要是为了维护交易安全和市场经济秩序的稳定，但该制度的存在，势必会对原权利人的利益造成损害，所以，法律规定成立善意取得必须满足一定的条件。

在本案中，诉争房屋根据耿某甲生前遗嘱，应属缪某所有，现耿某将该房屋转让给祖某，该行为未经缪某追认，所以该行为应为无权处分行为。那么，祖某如果想取得该房屋的所有权，必须证明自己受让该房屋时是基于善意的。《物权法》第一百零六条规定了成立善意取得的三个条件："（一）受让人受让该不动产或者动产时是善意的；（二）以合理的价格转让；（三）转让的不动产或者动产依照法律规定应当登记的已经登记，不需要登记的已经交付给受让人。"这三个条件中，第一个条件比较主观，不好证明。但第二个条件支付合理对价和第三个条件财产的实际支付作为客观存在的事实，是司法实践中判断是否构成善意取得的主要条件。在本案中，对于第一个条件，祖某和耿某在经办人、房屋价款的交付时间等方面存在许多不合理之处，可以认定祖某并非善意。第二个条件，本

案诉争房屋估价约 *150* 万元，祖某只支付了 *96* 万元，低于市场估价的 *70%*，不符合善意取得要求的支付合理对价的条件。综上所述，本案被告祖某不具备善意第三人的构成要件，不能依据善意取得制度取得诉争房屋的所有权。

案例 15

所有权保留的买卖合同是否构成善意取得①
——李某保诉湖南长沙 A 建设机械有限公司返还原物案

原告（被上诉人）： 李某保

被告（上诉人）： 湖南长沙 A 建设机械有限公司（以下简称 A 公司）

【基本案情】

2003 年 1 月 24 日，李某宗与 A 公司签订《产品销售合同》，合同内容为：李某宗向 A 公司购买合肥日立挖掘机（型号为××230，为中型挖掘机）一台，单价为 948000 元。李某宗在签约后先付 10000 元定金，余款在收到货物后一次付清。在李某宗未支付完全部货款以前，A 公司保留该挖掘机所有权，若李某宗未能按合同规定支付货款，A 公司有权无条件收回该合同设备，并终止合同。之后，李某宗出具欠条，欠条内容为：欠 A 公司 100000 元，于 2003 年 3 月 21 日之前无条件归还，逾期未还，无条件将名下一台日立挖掘机（发票 013××）抵给 A 公司。2008 年 1 月 11 日，李某宗与李某保签订《日立牌（230）型挖掘机买卖协议》，李某宗将日立挖掘机（型号为××230）以 448000 元出售给李某保，李某保一次性付清货款，李某宗收到全部货款交货。待定：李某宗的挖掘机必须是本人的所有权，出售时必须向李某保提供挖掘机购买的证据、证明及产品证书、合格证及使用说明书和应有的备品备件。挖掘机转让前所有债务及纠纷，出售后自签订日期起一概与李某胜无关。2008 年 1 月 18 日，李某保付清货款，李某宗将挖掘机交付给李某保使用。李某保组织合肥日立挖掘机（型号为××230）一台在岳阳市云溪区刘坡路施工。2012 年 10 月 18 日，A 公司将挖掘机（型号为××

① 国家法官学院案例开发研究中心：《中国法院 2016 年度案例　物权纠纷》，中国法制出版社 2016 年版，第 59 页。

230）一台拖走。李某保以A公司无故拖走挖掘机，依法应当返还原物，并承担因侵权所造成的经济损失为由，请求判令确认诉争合肥日立挖掘机（型号为××230）归李某保所有，责令A公司返还原物，赔偿经济损失50000元，并自2012年10月18日起至挖掘机归还之日止每日赔偿1200元。

【案件焦点】

所有权保留的买卖合同是否构成善意取得。

【法院裁判要旨】

湖南省岳阳市云溪区人民法院经审理认为，本案诉争的挖掘机为合肥日立挖掘机（型号为××S230），双方没有异议。本案争议的焦点为李某保从李某宗处购买的挖掘机是否为善意取得。李某宗与A公司约定，李某宗未支付完货款前，A公司保留设备所有权，李某宗尚欠昱升公司100000元，故此时所有权在昱升公司。李某保与李某宗签订《日立牌（××230）型挖掘机买卖协议》，李某宗处分挖掘机属无权处分。对于动产的所有权，一般以占有作为动产物权的公示方法。李某保基于李某宗对挖掘机的占有状态相信李某宗有处分权，购买挖掘机，并支付了货款。李某保构成善意取得，李某宗将挖掘机交付给李某保时李某保即取得挖掘机有的所有权。A公司于2012年10月18日，将挖掘机（型号为××230）拖走的行为是侵害李某保财产的行为，因此A公司应当予以返还。关于李某保提出的赔偿每日1200元损失的问题，李某保虽无证据，但损失每天均在发生，酌定损失为每日700元。李某保因自己的疏忽，没有取得关于挖掘机的相关证据，是造成纠纷的主要原因，对损失应承担主要责任。李某保已善意取得挖掘机所有权，A公司将其拖走，侵害了李某保财产所有权，有过错，在本案中承担次要责任。综合考量，法院确定对损失承担的比例为4：3。故李某保要求A公司承担每天1200元损失的请求，法院支持李某保每天300元的赔偿请求，从2012年10月19日起算至A公司返还财产之日止。其他损失由李某保自己负担。

综上所述，按照《物权法》第一百零六条、《民法通则》第一百一十七条、《民事诉讼法》第六十四条之规定，判决如下：

一、A公司在本案判决生效之日起10日内返还李某保所有的合肥日立挖掘机（型号为××230）。

二、A公司赔偿李某保损失每天300元（自2012年10月19日起算至A公司返还财产之日止）。

三、驳回李某保的其他诉讼请求。

A公司以李某保与李某宗系恶意串通，未善意取得挖掘机，每日300元的损失赔偿明显高于市场行情为由提起上诉，岳阳市中级人民法院经审理认为：A公司与李某宗的挖掘机买卖合同中约定了全部货款支付完毕之前，A公司保留挖掘机的所有权，对当事人约定所有权保留的买卖合同，根据《最高人民法院审理买卖合同纠纷案件适用法律问题的解释》第三十六条的规定："买受人已经支付标的物总价款的百分之七十五以上，出卖人主张取回标的物的，人民法院不予支持。"李某宗已向A公司支付挖掘机货款达总货款的89%，A公司再以约定保留所有权而主张取回标的物，法院不予支持。A公司自2003年未能找到李某宗主张债权，李某保与李某宗恶意串通的可能性不大。李某保系合法取得挖掘机的所有权并占有挖掘机，A公司从李某保处取回挖掘机的行为没有法律依据，构成侵权，损害了李某保的合法权益，应当返还挖掘机并赔偿损失。原判决确定每天300元的损失赔偿并无不当。对于A公司的上诉理由，不予支持。据此，依据《民事诉讼法》第一百七十条第一款第（一）项之规定，判决如下：

驳回上诉，维持原判。

【案例评析】

本案中李某宗与A公司之间买卖挖掘机的合同约定了所有权保留，即在李某宗没有付清货款的情况下，昱升公司保留挖掘机的所有权。案例中，李某宗尚欠昱升公司100000元，在保留所有权的买卖合同中，李某宗虽获得了挖掘机的占有权，但却没有取得挖掘机的所有权。所以，李某宗将挖掘机卖与李某保应属无权处分，如果李某保能证明自己支付合理价款、完成交付且不存在恶意的情况下，李某保可以基于善意取得制度取得挖掘机的所有权。在本案中，李某保向李某宗交付了全部款项，李某宗向李某保交付了挖掘机，挖掘机属于动产，动产物权变动的要件即为交付，而且在案件中，我们看不出李某保存在恶意，所以应可以认为李某保基于善意取得制度取得了挖掘机的所有权。A公司拖走李某保的挖掘机，属于侵权行为，应承担侵权责任。

案例 16

拾得遗失物的保管义务[①]
——李某诉田某返还原物案

原告： 李某

被告： 田某

【基本案情】

被告田某在北京市朝阳区八里庄北里××号楼楼下经营肉饼店。2014 年 6 月 12 日晚，原告李某在肉饼店就餐，就餐的餐桌安置在店外便道上。原告李某就餐完毕离开时已经是晚上十点多，回家后才发现自己的金手链遗失，但由于当日时间太晚，未在当时返回找寻。被告田某在当日经营完毕打扫卫生时，在店门外台阶下拾到金手链一条，次日交给其爱人田某甲。

次日，原告李某让其朋友到被告处找寻遗失物，田某甲称已经将金手链丢弃到居住的小区门口、距离肉饼店不远的垃圾桶内，几人到田某甲指认的垃圾桶内翻找，未果。

当日原告李某报警，被告在派出所认可捡拾到原告丢失的金手链一条，但称已经被田某甲丢弃，被告田某未看到田某甲丢弃的过程。

【案件焦点】

被告在拾得遗失物是否有保管义务。

【法院裁判要旨】

北京市朝阳区人民法院经审理认为：拾得遗失物，应当返还权利人。拾得人应当及时通知权利人领取，或者送交公安等有关部门。拾得人在遗失物送交有关部门前应当妥善保管遗失物。因故意或者重大过失致使遗失物毁损、灭失的，应

① 国家法官学院案例开发研究中心：《中国法院 2016 年度案例　物权纠纷》，中国法制出版社 2016 年版，第 75 页。

当承担民事责任。被告捡拾手链后，应将物品保管好，或交付给公安等部门，但由于被告将物品交付给其爱人，物品又被其爱人丢弃，无法返还原物，被告应当承担赔偿责任。原告提供的购买发票可证实其手链购买时的价款，由于金饰的价格有波动，本院按照原告丢失当日北京市菜市口百货股份有限公司公布的千足金饰价格酌情确定被告应赔偿的价款数额。

综上所述，根据《物权法》第一百零九条、第一百一十一条之规定，判决如下：

被告于本判决生效后十日内赔偿原告财产损失 8578 元。

【案例评析】

本案涉及的是拾得遗失物之后的保管问题。本案原告吃饭时将金手链丢失，该金手链应属于遗失物的范围。《物权法》第一百零九条规定："拾得遗失物，应当返还权利人。拾得人应当及时通知权利人领取，或者送交公安等有关部门。"被告拾得原告的金手链，应当返还给权利人，或者送交公安等有关部门。在未返还之前，根据《物权法》第一百一十一条的规定，拾得人在遗失物送交有关部门前，有关部门在遗失物被领取前，应当妥善保管遗失物。因故意或者重大过失致使遗失物毁损、灭失的，应当承担民事责任。在本案中，被告拾得遗失物后，交给其爱人保管，其爱人又将遗失物丢失，应视为故意或重大过失，因此被告应承担赔偿责任。

第四节　共有

一、共有概述

（一）共有的概念

共有是指两个或两个以上的权利主体对同一物共同享有所有权的法律状态。《物权法》第九十三条规定："不动产或者动产可以由两个以上的单位、个人共有。"在共有关系中，共同享有所有权的人称为共有人，共有的不动产或者动产称为共有物或共有财产，各共有人之间因财产共有所形成的权利义务关系，称为共有关系。根据《物权法》第九十三条的规定，共有的主体可以是单位，也可以是个人。共有物可以是动产，也可以是不动产。

（二）共有的特点

共有作为所有权的一种特殊形式，具有一定的特殊性：

其一，主体的复数性。主体为两个或两个以上的民事主体，既可以是个人，也可以是单位。主体的复数性是共有区别于单独所有的一个重要特征。但我们要注意，共有的主体虽为数人，但多个主体对共有物享有的是一个完整的所有权。

其二，共有的客体的同一性，即共有的客体具有同一性。共有的客体既可以是单一的同一项动产或不动产，也可以是特定财产的集合。共有物在共有关系存续期间不能分割，不能由各个共有人分别对某一部分共有物享有所有权，每个共有人的权利都是基于整个共有物的全部。

其三，共有内容的双重性。在对内关系上，各共有人或是按照确定的份额享有权利和承担义务，或是不分份额、平等地分享权利和分担义务；在对外关系上，共有人作为单一的权利主体同他人发生民事法律关系。

其四，共有为所有权的联合，而非一种独立的所有权类型。

二、共有的分类

《物权法》第九十三条规定，共有分为按份共有和共同共有。

（一）按份共有

按份共有又称分别共有，是指共有人按照确定的份额对共有财产享有所有权的共有。《物权法》第九十四条对按份共有做出了规定：“按份共有人对共有的不动产或者动产按照其份额享有所有权。”

按份共有除了具有共有的一般特点，还具有自己的特点：

其一，按份共有人之间的联系不以存在共同关系为必要。也就是说，按份共有人不需要存在特殊的团体性或身份关系。《物权法》第一百零三条规定：“共有人对共有的不动产或者动产没有约定为按份共有或者共同共有，或者约定不明确的，除共有人具有家庭关系等外，视为按份共有。”

其二，各共有人按照确定的份额享有所有权。份额一般由共有人协议确定。《物权法》第一百零四条规定：“按份共有人对共有的不动产或者动产享有的份额，没有约定或者约定不明确的，按照出资额确定；不能确定出资额的，视为等额享有。”按份共有人的权利、义务及于全部共有物。按份共有人按照份额享有所有权，并不是说各共有人按照一定比例对共有物的部分享有权利、承担义务，而是指各共有人按照各自的份额对全部共有物享有权利、承担义务。

其三，按份共有人对其应有部分享有相当于所有权的权利。在法律或共有协议未作限制的情况下，按份共有人可以随时要求分出、转让其应有部分或就其部分设立负担。

（二）共同共有

1. 共同共有的概念和特征

共同共有是指数人之间基于共同关系，不分份额地共享共有物所有权。《物权法》第九十五条规定：“共同共有人对共有的不动产或者动产共同享有所有权。”

与按份共有相比，共同共有具有以下特点：

（1）共同共有是以共有人之间存在共同关系为基础，以共同关系的存在为前提。这种共同关系，一般只能发生在具有特定身份关系的人当中，如夫妻关系、家庭关系等，如果这种特定关系不存在了，共有关系也随即终止。

（2）共同共有是不分份额地对共有物享有所有权。只要共有关系存在，共同共有人就不能划分自己的份额，而是平等地对共有物享有所有权，只有在共有关系终止时，才能确定各共有人的应有份额。

（3）共同共有人平等地享有权利和承担义务。在共同共有关系存续期间，各共有人对整个共有财产享有平等的占有、使用、收益和处分的权利，同时对整个共有财产平等地承担义务。

2. 共同共有的类型

（1）夫妻财产共有。夫妻财产共有是指在婚姻关系存续期间，夫妻任何一方的劳动收入、继承和受赠的财产、用合法收入购买的财产、个人财产在婚后产生的收益等，如果双方没有特别约定为各自所有的，为夫妻共有财产。这是共同共有的基本类型。《中华人民共和国婚姻法》（以下简称《婚姻法》）第十七条规定："夫妻在婚姻关系存续期间所得的下列财产，归夫妻共同所有：①工资、奖金；②生产、经营的收益；③知识产权的收益；④继承或赠与所得的财产，但本法第十八条第三项规定的除外；⑤其他应当归共同所有的财产。夫妻对共同所有的财产，有平等的处理权。"夫妻在婚姻关系存续期间，对共有财产享有平等的占有、使用、收益和处分的权利。在婚姻关系终止前，非因重大理由，任何一方不得主张分割夫妻共同财产。

（2）家庭财产共有。家庭财产共有是指在家庭共同生活关系存续期间家庭成员共同创造或共同获得的财产，归家庭成员共同所有。

（3）共同继承的财产。《继承法》第二十九条规定："遗产分割应当有利于生产和生活需要，不损害遗产的效用。不宜分割的遗产，可以采取折价、适当补偿或者共有等方法处理。"可以认为在继承开始后，遗产分割以前，各继承人对遗产有共同共有权。

三、共有的内部关系和外部关系

（一）共有物的占有、使用、收益

根据《物权法》第九十四条"按份共有人对共有的不动产或者动产按照其份额享有所有权"的规定，在按份共有中，各共有人依其应有份额对共有物进行占有、使用、收益，无法确定份额的，等额享有对共有物的占有、使用和收益。

根据《物权法》第九十五条"共同共有人对共有的不动产或者动产共同享有所有权"的规定，在共同共有中，各共有人对共有物享有平等的占有、使用、收益的权利，各共有人的权利平等地及于共有物的全部，任何共有人不得主张对共有物的特定部分行使权利。

（二）共有物的管理与费用负担

根据《物权法》第九十六条"共有人按照约定管理共有的不动产或者动产；没有约定或者约定不明确的，各共有人都有管理的权利和义务"的规定，对共有物的管理，有约定的按约定办理，没有约定的或约定不明确的，各共有人都有管理的权利和义务。

根据《物权法》第九十八条"对共有物的管理费用以及其他负担，有约定的，按照约定；没有约定或者约定不明确的，按份共有人按照其份额负担，共同共有人共同负担”的规定，在共有物的管理费用和其他负担的分担上，有约定的按照约定处理，没有约定或者约定不明确的，按份共有人按照其份额负担，共同共有人共同负担。

（三）共有物的处分与抛弃

根据《物权法》第九十七条“处分共有的不动产或者动产以及对共有的不动产或者动产作重大修缮的，应当经占份额三分之二以上的按份共有人或者全体共同共有人同意，但共有人之间另有约定的除外”的规定，在对共有物的处分上，共有人有约定的，按照约定处分；共有人没有约定或者约定不明确的，按份共有人处分共有财产应经占份额2/3以上的按份共有人同意，共同共有人处分共有财产要经全体共有人同意。如果按份共有人未取得占份额2/3以上的共有人同意或者共同共有人未取得全体共有人同意的，其处分行为若为法律行为则构成无权处分，其效力为待定，但是若共有物作为动产，第三人构成善意取得的除外。若为事实行为则构成侵权行为，应当对其他共有人承担侵权责任。

《物权法》第一百零一条规定：“按份共有人可以转让其享有的共有的不动产或动产份额。其他共有人在同等条件下享有优先购买的权利。”按份共有人可以转让其应有份额，其他共有人在同等条件下享有优先购买权。但共同共有人在共有关系终止前，除非有重大理由否则不允许请求分割共有财产。

在对共有份额的抛弃上，由于所有权具有排他性，原则上允许共有人抛弃自己的份额，但抛弃行为不得损害国家、社会和他人合法权利。部分共有人抛弃其份额，其他共有人可取得，如共有人为多个则按比例分享。

（四）共有关系的维持

《物权法》第九十九条规定：“共有人约定不得分割共有的不动产或者动产，以维持共有关系的，应当按照约定，但共有人有重大理由需要分割的，可以请求分割；没有约定或者约定不明确的，按份共有人可以随时请求分割，共同共有人在共有的基础丧失或者有重大理由需要分割时可以请求分割。因分割对其他共有人造成损害的，应当给予赔偿。”按照该规定，在共有关系存续期间，当事人为了维持共有关系，可以约定不得分割共有财产，在没有重大理由需要分割的情况下，应按此约定办理；如果没有约定或者约定不明确的，按份共有可随时请求分割；共同共有人在共有基础丧失或有重大理由需要分割时可请求分割。

（五）共有的效力

《物权法》第一百零二条规定："因共有的不动产或者动产产生的债权债务，在对外关系上，共有人享有连带债权、承担连带债务，但法律另有规定或者第三人知道共有人不具有连带债权债务关系的除外；在共有人内部关系上，除共有人另有约定外，按份共有人按照份额享有债权、承担债务，共同共有人共同享有债权、承担债务。偿还债务超过自己应当承担份额的按份共有人，有权向其他共有人追偿。"这说明在对外关系上，无论是按份共有人还是共同共有人享有连带债权，承担连带债务，但法律另有规定或者第三人知道共有人不具有连带债权、债务关系的除外。在内部关系上，按份共有人按照份额享有债权、承担债务，共同共有人共同享有债权、承担债务；按份共有人承担债务超过自己应承担份额的，有权向其他共有人追偿。

四、共有关系的终止与共有物的分割

（一）共有关系终止的原因

其一，共有物消灭。

其二，一个共有人取得共有物的单独所有权。

其三，共有人协商终止。

其四，共同共有基础关系的解除或消灭等。

（二）共有物的分割

《物权法》第九十九条规定："共有人约定不得分割共有的不动产或者动产，以维持共有关系的，应当按照约定，但共有人有重大理由需要分割的，可以请求分割；没有约定或者约定不明确的，按份共有人可以随时请求分割，共同共有人在共有的基础丧失或者有重大理由需要分割时可以请求分割。因分割对其他共有人造成损害的，应当给予赔偿。"

《物权法》第一百条规定："共有人可以协商确定分割方式。达不成协议，共有的不动产或者动产可以分割并且不会因分割减损价值的，应当对实物予以分割；难以分割或者因分割会减损价值的，应当对折价或者拍卖、变卖取得的价款予以分割。共有人分割所得的不动产或者动产有瑕疵的，其他共有人应当分担损失。”

根据《物权法》第九十九条和第一百条的规定，在按份共有的情形下，若共有人没有不得分割的约定时，各按份共有人之间由于没有共同关系存在，因此随时可以请求分割共有物。在各共有人有不得分割的约定时，共有人有重大理由需要分割的，可以请求分割。共同共有在共有关系终止或者有重大理由时可以请求分割。共有物的分割方式上有如下三种：

1. 实物分割

对于可分物可以采取实物分割的方式，如粮食、布匹等。

2. 变价分割

如果共有物是不可分物，而且各共有人都不愿意接受共有物时，可以将共有物折价或者拍卖、变卖，由各共有人分别取得价金。

3. 作价补偿

对于不可分物共有人中的一人愿意取得共有物的，可以由该共有人取得该共有物。对于共有物的价值超出其应得份额的部分，取得共有物的共有人应对其他共有人作价补偿。

案例 17

对共同共有财产的分割应考虑各共有人对共同财产所尽义务以及对共有财产的需求等因素①

——蒲某清等诉蒲某珍等所有权确认和共同物分割案

原告：蒲某清、何某芳、何某甲、何某乙、何某东

被告：蒲某珍、何某丙、何某丁、何某梅、何某戊

【基本案情】

何某建（1962 年死亡）与宋某琼（1983 年死亡）系夫妻，共生育何某义

① 国家法官学院案例开发研究中心：《中国法院 2014 年度案例　物权纠纷》，中国法制出版社 2014 年版，第 123 页。

（2012年死亡）、何某全（2001年死亡）两子。何某义与蒲某清结婚，生育何某芳、何某甲、何某乙、何某东四子女；何某全与蒲某珍结婚，生育何某丙、何某丁、何某梅、何某华四子女。

1950年土地改革中，何某建、宋某琼与何某义、何某全分得射洪县洋溪镇（原洋溪区）麻柳林街的瓦房三间，1971年，该房被拆迁。同年，在何某全主持下，何家另行修建土墙瓦房五间，由宋某琼、蒲某清婆媳和何某全一家分别居住生活。1984年1月10日，洋溪镇计生指导组与何某义、何某全调换房屋，双方订立了换房契本契，何某义、何某全换得现洋溪镇杨桃溪村桐子园的砖木结构瓦房正房三间横房两间，后何某全一家一直在该房屋居住、生活（其间何某丙、何某丙梅因结婚离开）。1998年7月，何某全以房屋来源系祖业为由在当地房地产管理部门办理了农村房屋所有权登记，登记产权人为何某全。

2005年2月16日，何某义、蒲某清、何某与蒲某珍、何某丁、何某戊先后签订两份《分家协议》，载明：洋溪镇杨桃村桐子园的砖木结构瓦房所有权属何某义、何某全两兄弟所有，分家并变更为南属何某甲所有，北属何某戊、何某所有，各占150平方米（房屋地基则按何某甲、何某丁、何某戊三等份划分），如地皮被买卖，由何某义、蒲某珍平分。除蒲某清外，其余参与人在协议上签字捺印。双方未通知何某丙、何某梅、何某芳、何某乙、何某东参加。

2008年“5·12”地震后，蒲某珍、何某戊申请灾后重建，并于2009年7月初拆除了桐子园房屋南面一正一横两间房屋，开始重建，遭何某义家阻止，何某戊停建。

2010年5月，何某梅、何某丙起诉到法院，请求确认2005年2月16日《分家协议》无效，法院判决确认《分家协议》无效。此后，何某义、蒲某珍两家未对桐子园房屋进行分割和其他处置，房屋继续由蒲某珍、何某丁、何某戊居住、管理。

2012年4月，原告蒲某清、何某芳、何某甲、何某乙、何某东诉至法院，请求确认桐子园房屋为原告、被告共同共有，判令将该房屋按原告、被告各1/2的比例分割。

【案件焦点】

第一，财产所有权部分权能与主体分离是否引起所有权消灭；第二，共同共有的财产在没有约定情况下，是否平均分割。

【法院裁判要旨】

四川省遂宁市射洪县人民法院经审理认为：财产所有权的取得应当依照法律的规定，既可以由单一的民事主体（财产所有人）单独所有，也可以由两个或两个以上的民事主体共有。在本案中，诉讼争议的洋溪镇杨桃溪村 6 组桐子园的砖木结构瓦房的所有权并非原告和被告一方或双方原始取得，先后经历了土改分房、拆迁、修建、调换的历史变化过程。在演变过程中，房屋的所有权因原始取得、消灭、继承、形成等法律事实，由何某义、何某全与其父母四人共有，逐渐变化为何某义、何某全兄弟及其妻子、儿女共同共有，没有事实依据改变财产的共有关系。何某全、何某义先后死亡，2005 年 2 月的《分家协议》被人民法院确认无效，不能产生分家析产的后果，桐子园房屋的所有权虽发生了变化，却因法定继承的法律事实，使财产所有权归于蒲某清、蒲某珍及其儿女及原告和被告共同共有。原告和被告共有期间，共有人对共有份额和财产的分割没有约定，部分共有人请求分割共有财产，符合物权法规定，依法应予支持。由于被告长期居住、管理房屋，被告付出较多，而各原告均有自有房屋或居住房屋，考虑双方生活环境条件的差异，应酌情给被告多分割；房屋南边部分房屋已被蒲某珍、何某戊拆除，适宜将房屋靠南边的大部分分给被告。

四川省遂宁市射洪县人民法院依照《物权法》第三十三条、第六十四条、第九十五条、第九十九条、第一百条和《民法通则》第七十五条、第七十六条、第七十八条的规定，判决如下：

第一，位于射洪县洋溪镇杨桃溪村 6 组桐子园的由被告居住使用的房屋属原告、被告共有。

第二，位于射洪县洋溪镇杨桃溪村 6 组桐子园的由被告居住使用的房屋，靠北边的正房一间和横房一间由原告分割所有，其余靠南边的房屋由被告分割所有。

【案例评析】

本案涉及的问题是诉争房屋的共有问题。本案诉争房屋先是由何某建、宋某琼夫妇与两个儿子共有。后该房屋经过拆迁、另建、互换等方式变成了何某义、何某全及其妻子儿女共有的状态。虽然该房屋由蒲某珍及其子占有、使用，但房屋的所有权以登记为准，不以占有为确定所有权的依据。原告虽然没有实际占有房屋，但不能否认其对房屋享有的所有权。所以，认定本案诉争房屋为原告和被告共同所有。《物权法》第九十九条规定："共有人约定不得分割共有的不动产或者动产，以维持共有关系的，应当按照约定，但共有人有重大理由需要分割的，可以请求分割；没有约定或者约定不明确的，按份共有人可以随时请求分割，共同共有人在共有的基础丧失或者有重大理由需要分割时可以请求分割。因分割对其他共有人造成损害的，应当给予赔偿。"本案诉争房屋的共有人可以要求分割共有房屋。

案例 18

按份共有财产该如何分割[①]
——史某诉王某共有案

原告：史某

被告：王某

【基本案情】

原告史某系被告王某的孙女。诉争的北京市某区王四营乡观音堂村观音惠园房屋系王四营地区腾退安置用房，房屋性质按照经济适用住房管理，现登记在被告名下。2008 年，原告将被告诉至北京市某区人民法院，要求确认其对上述房屋具有所有权。2008 年 10 月该法院做出（2008）朝民初字第 179××号民事判决书，判决上述房屋由原告、被告共有，原告占有 80%的份额。后被告不服上诉，但在二审过程中撤回上诉。现原告以其占有诉争房屋 80%的份额、被告一直将该房屋对外出租导致原告无法实现产权目的等为由，要求分割诉争房屋。

庭审中，经询问，被告称既不能以协商确定分割房屋的方式，也不能对诉争房屋进行实体分割，不要求分割得到实物、也不同意给付原告补偿款。

---

① 国家法官学院案例开发研究中心：《中国法院 2014 年度案例 物权纠纷》，中国法制出版社 2014 年版，第 133 页。

本案审理过程中，原告申请对诉争房屋的价值进行评估，法院予以准许，经北京市高级人民法院摇号确定，法院委托某联合房地产评估（北京）有限公司进行此次评估。2012 年 7 月 23 日，该公司出具《房地产估价报告》，确定诉争房屋在满足假设和限定条件下的市场估价结果为 99.71 万元。此次评估发生评估费 4986 元，已由原告向评估机构预交。庭审中，原告称因诉争房屋系按照经济适用住房管理的性质，本案中其同意按照上述评估数额 99.71 万元作为处理本案共有纠纷的基数，以该数额为标准计算原告给付被告的补偿款，如法院判决该房屋全部归原告所有，则该房屋将来上市交易，相应补交的税费由原告自愿承担。另外，双方均陈述诉争房屋装饰装修的费用为 4000 元，系被告支付，原告同意将上述费用在本案中一并处理。

【案件焦点】

按份共有的房产如何进行分割。

【法院裁判要旨】

北京市某区人民法院经审理认为：对分割共有的不动产没有约定或者约定不明确的，按份所有人可以随时请求分割；共有人可以协商确定分割方式。协商不成的，共有的不动产或者动产可以分割并且不会因分割减损价值的，应当对实物予以分割；难以分割或者因分割会减损价值的，应当对折价或者拍卖、变卖取得的价款予以分割。在本案中，根据生效判决的确认，诉争房屋由原告和被告共有，其中原告占有 80%的所有权份额。双方未约定不得对诉争房屋进行分割，故原告现要求分割诉争房屋，符合法律规定。经询问，被告既不同意取得全部房屋份额给付原告补偿，也不同意原告取得全部房屋份额，而原告同意取得全部房屋份额给付被告补偿款。据此，根据双方对于诉争房屋的所有权份额、诉争房屋分割的具体意见等情况，诉争房屋应采取分割给原告且由原告给付被告补偿款的方式处理为宜。诉争房屋系按照经济适用房管理的房屋，原告称同意按照评估的数额计算补偿款、自愿承担将来上市交易产生的税费，对此法院不持异议。法院将在评估数额的基础上，按照双方的份额计算原告给付被告折价补偿款的数额。诉争房屋存在装饰装修，相应的费用 4000 元由原告支出。诉争房屋判归原告所有，原告应向被告予以相应补偿，本案中对此一并予以处理。

北京市某区人民法院依照《物权法》第九十九条、第一百条之规定，做出如下判决：

第一，位于北京市某区观音惠园房屋于本判决生效之日起归原告史某所有。

第二，原告史某于本判决生效之日起 15 日内给付被告王某上述房屋折价补偿款 199420 元、装修补偿款 4000 元。

【案例评析】

本案涉及的是按份共有财产的分割问题。《物权法》第九十九条规定："共有人约定不得分割共有的不动产或者动产，以维持共有关系的，应当按照约定，但共有人有重大理由需要分割的，可以请求分割；没有约定或者约定不明确的，按份共有人可以随时请求分割，共同共有人在共有的基础丧失或者有重大理由需要分割时可以请求分割。因分割对其他共有人造成损害的，应当给予赔偿。"《物权法》第一百条规定："共有人可以协商确定分割方式。达不成协议，共有的不动产或者动产可以分割并且不会因分割减损价值的，应当对实物予以分割；难以分割或者因分割会减损价值的，应当对折价或者拍卖、变卖取得的价款予以分割。共有人分割所得的不动产或者动产有瑕疵的，其他共有人应当分担损失。"具体到本案中，原告和被告没有约定不得分割共有的财产，所以本案原告要求分割共有财产的主张应得到支持。对于共有财产的分割，双方可以协商确定分割方式，在本案中，被告既不同意取得全部房屋份额给付原告补偿，也不同意原告取得全部房屋份额，而原告同意取得全部房屋份额而给付被告补偿款，这说明原告和被告无法协商确定共有财产的分割方式。基于本案的共有财产是不动产，难以分割，所以最后法院判决由占共有财产份额 80%的原告取得共有财产的所有权，再由原告给予被告所占份额的补偿。

第五节 相邻关系

一、相邻关系的概念和特点

（一）相邻关系的概念

相邻关系即不动产相邻关系，是指两个或两个以上相互毗邻或邻近的不动产所有权人或使用权人在行使所有权或使用权时，依法应当给予对方方便或者接受限制而发生的权利义务关系。

（二）相邻关系的特点

1. 相邻关系的主体是相邻近的不动产的所有权人或使用权人

相邻关系发生于相互毗邻的不动产的所有权人和使用权人之间，只有不动产相互毗邻，才会在不动产的所有权人和使用权人之间发生权利行使的冲突问题。

2. 相邻权的客体不同于一般物权的客体

相邻权的客体不是不动产本身或相邻各方实施的行为，而是相邻的不动产各方在行使不动产所有权或使用权时，要求互相提供的便利或接受限制过程中所体现和追求的利益。

3. 相邻关系的内容十分复杂

相邻关系的种类相当多，内容也因种类的不同而不同。概括起来主要有两个方面：一是相邻一方在行使所有权或使用权时，有权要求相邻他方给予方便，相邻他方应当提供必要的便利，容忍某种行为的行使；二是相邻各方在行使权利时，不得损害相邻他方的合法权益。

4. 相邻关系的产生有法定性

相邻关系的产生是基于法律的明确规定，不需要相邻各方通过签订合同来设立。

二、相邻关系的处理原则

《物权法》第八十四条规定："不动产的相邻权利人应当按照有利生产、方便生活、团结互助、公平合理的原则，正确处理相邻关系。"《物权法》第八十五条规定："法律、法规对处理相邻关系有规定的，依照其规定；法律、法规没有规定的，可以按照当地习惯。"《物权法》第九十二条规定："不动产权利人因用水、排水、通行、铺设管线等利用相邻不动产的，应当尽量避免对相邻的不动产权利人造成损害；造成损害的，应当给予赔偿。"按照这几条的规定，在处理相邻关系时应遵守以下四个原则：有利生产和方便生活的原则；团结互助和公平合理的原则；尊重历史和习惯的原则；依法给予补偿的原则。

三、相邻关系的种类

根据《物权法》第八十六条、第八十七条、第八十八条、第八十九条、第九十条、第九十一条的规定，相邻关系共有以下几类：

（一）相邻用水和排水关系

《物权法》第八十六条规定："不动产权利人应当为相邻权利人用水、排水提供必要的便利。对自然流水的利用，应当在不动产的相邻权利人之间合理分配。对自然流水的排放，应当尊重自然流向。"

（二）相邻土地的通行关系

《物权法》第八十七条规定："不动产权利人对相邻权利人因通行等必须利用其土地的，应当提供必要的便利。"

（三）因建造、修缮建筑物及管线铺设产生的相邻关系

《物权法》第八十八条规定："不动产权利人因建造、修缮建筑物以及铺设电线、电缆、水管、暖气和燃气管线等必须利用相邻土地、建筑物的，该土地、建筑物的权利人应当提供必要的便利。"

（四）因通风、采光产生的相邻关系

《物权法》第八十九条规定："建造建筑物，不得违反国家有关工程建设标准，妨碍相邻建筑物的通风、采光和日照。"

（五）因保护环境产生的相邻关系

《物权法》第九十条规定："不动产权利人不得违反国家规定弃置固体废物，排放大气污染物、水污染物、噪声、光、电磁波辐射等有害物质。"《物权法》第九十一条规定："不动产权利人挖掘土地、建造建筑物、铺设管线以及安装设备等，不得危及相邻不动产的安全。"

案例 19

相邻纠纷应兼顾相邻各方的利益①
——杨某诉卢某相邻排水案

原告：杨某

被告：卢某

【基本案情】

杨某与卢某均住在师宗县葵山镇黎家坝村委会黎家坝村，两家系邻居。1998年9月，杨某在其宅基地上建盖房屋，并于2001年办理了集体土地使用证。2015年4月，卢某在与杨某家房屋相邻的土地上建盖房子，因滴水问题双方发生纠纷。2015年5月，卢某在杨某家厨房外墙相邻的地方建盖烤棚石脚，杨某认为，卢某的行为侵犯了其滴水，遂向法院起诉，要求卢某在相邻处留出60厘米滴水，用于双方排水。

【案件焦点】

卢某建烤棚的石脚是否影响杨某排水。

【法院裁判要旨】

云南省曲靖市某县人民法院经审理认为：邻里之间应本着有利生产、方便生活、团结互助、公平合理的原则，正确处理好相邻关系。本案中，杨某的房屋虽建盖在先，但卢某建的烤棚石脚未与其有屋檐的住房相邻，且建在厨房外墙之外，争议之处以前也没有设置过明显的排水沟。杨某主张卢某建烤棚石脚的行为给其不动产（房屋及围墙）造成了损害后果，但对损害事实没有提供证据予以证实，法院无法判定卢某的行为到底给杨某造成了什么程度的损害后果，故杨某主张的损害后果不明显。鉴于双方已因为建房滴水的问题发生过争执，杨某、卢

① 国家法官学院案例开发研究中心：《中国法院2017年度案例　物权纠纷》，中国法制出版社2017年版，第215页。

某应本着有利生产、方便生活、团结互助、公平合理的原则从对方的角度予以体谅。考虑到双方房屋的实际使用情况，杨某家的厨房未留有屋檐，卢某建烤棚的行为也是为了方便生产，争议之处亦不属于必须使用或通行的地方，为避免双方产生更大的矛盾纠纷，法院酌定卢某从杨某家厨房外墙起下石脚处让出 0.3 米，以供自然水流顺利排出。出于对两家近邻关系的缓和，以及追求和谐邻里关系的考虑，地上烤棚石脚系卢某所建，归其所有，具有一定的经济价值，杨某要求卢某拆除烤棚石脚，应在合理的限度内适当地予以补偿。

云南省曲靖市某县人民法院依照《中华人民共和国民法通则》第八十三条，《中华人民共和国物权法》第八十四条、第八十六条之规定，判决如下：

第一，卢某于本判决生效之日起 10 日内自行拆除位于杨某家厨房外墙 0.3 米范围内（以杨某厨房外墙为基准，距离外墙 0.3 米）的烤棚石脚，并将拆除的石头及杂物予以清除，留出 0.3 米的排水沟。

第二，杨某补偿卢某因拆除烤棚石脚所造成的材料及人工损失费 500 元。

【案例评析】

本案涉及的是相邻关系的处理问题。《物权法》第八十四条规定："不动产的相邻权利人应当按照有利生产、方便生活、团结互助、公平合理的原则，正确处理相邻关系。"《物权法》第八十六条规定："不动产权利人应当为相邻权利人用水、排水提供必要的便利。对自然流水的利用，应当在不动产的相邻权利人之间合理分配。对自然流水的排放，应当尊重自然流向。"相邻不动产的所有权人或使用权人在行使不动产的所有权或使用权时，应相互体谅，兼顾各方利益。为了维护双方的共同利益，在相邻方行使权利时，一方要提供必要的便利，接受某种限制。但如果这种限制超过了一定的限度，就构成了法律上的妨害，相邻方就可以请求排除妨碍。本案的双方当事人是邻居，为了避免产生更大的冲突，在处理相邻关系时，更应从双方实际情况出发，本着互谅互让、利益兼顾的原则。

第三章　用益物权

第一节　用益物权概述

一、用益物权的概念和特点

（一）用益物权的概念

用益物权是指权利人以一定范围内的占有、使用和收益为目的而在他人之物上设立的定限物权。《物权法》第一百一十七条规定："用益物权人对他人所有的不动产或者动产，依法享有占有、使用和收益的权利。"《物权法》第一百一十八条规定："国家所有或者国家所有由集体使用以及法律规定属于集体所有的自然资源、单位、个人依法可以占有、使用和收益。"

（二）用益物权的特点

1. 用益物权是一种定限物权

用益物权是在他人之物上设定的限于一定范围和一定期限的物权，包括占有、使用、收益等权能。

2. 用益物权的实现以占有他人之物为前提

一是用益物权只存在于他人之物上，为他物权的一种；二是用益物权的实现须有对他人之物的占有，只有实际占有了标的物，用益物权人才能实现对标的物的使用和收益。

3. 用益物权的标的物一般限于不动产

不动产价值大，获得不易，所以经常会出现所有权和使用权的分离。

4. 用益物权是以使用收益为目的的物权

用益物权侧重于支配物的使用价值，以获取最大的经济效益。

5. 用益物权是一种独立物权

用益物权是基于法律的直接规定或者当事人之间的约定而独立存在的，它不以用益物权人对物之所有权人享有其他的财产权为前提，不随他权利的转移而转移，也不随他权利的消灭而消灭。

二、用益物权的社会作用

用益物权制度作为一项古老的法律制度，其萌芽最早出现在两河流域的《汉谟拉比法典》中，之后在罗马法中，用益物权制度得到了较为完善的发展，确立了地役权、人役权、地上权、永佃权等用益物权制度。到了近现代，大陆法系的法国和德国制定民法典时均继承了罗马法的传统，在其法典中均规定了用益物权制度。

用益物权制度在物权法中占据重要的地位，它对于不动产使用价值的发挥具有十分重要的作用。

第一，用益物权是不动产所有权收益权能的一种实现方式。在我国，土地、矿藏、水流等自然资源皆为国家所有或集体所有，且不能依民事方式流通，因此，建立和完善用益物权制度，可以使所有权人实现一定的收益，从而实现所有权本身的价值。

第二，用益物权可以满足非所有人利用他人不动产的需要。土地和房屋等财产是人类社会生存和发展所不可缺少的资源，但与此同时，这类资源又具有稀缺性，不可能人人都拥有。法律为了调节人的支配需求和资源有限性的矛盾，从稳定社会关系的目的出发，创设了用益物权，用以满足非所有人利用他人不动产的需求。

第三，用益物权有利于发挥物尽其用的效益。用益物权作为非所有人对于他人的不动产所享有的限制物权，它明确了用益物权人对于不动产的支配范围，将不动产所有人与用益物权人之间的权利、义务和责任明确下来，从而使对不动产的所有和利用可以得到协调、发展，实现物的效益的最大化。

第二节　土地承包经营权

一、土地承包经营权的概念和特征

（一）土地承包经营权的概念

土地承包经营权简称农地承包权，是指农业生产经营者因从事种植、养殖、畜牧、林业、渔业等生产经营项目对其依法承包的农民集体所有和国家所有的耕地、森林、山岭、草原、荒地、滩涂、水面等的占有、使用、收益的权利。

土地承包经营权是我国法律中特有的概念，体现了《物权法》的民族性。《物权法》第一百二十四条规定："农村集体经济组织实行家庭承包经营为基础、统分结合的双层经营体制。农民集体所有和国家所有由农民集体使用的耕地、林地、草地以及其他用于农业的土地，依法实行土地承包经营制度。"《物权法》第一百二十五条规定："土地承包经营权人依法对其承包经营的耕地、林地、草地等享有占有、使用和收益的权利，有权从事种植业、林业、畜牧业等农业生产。"

（二）土地承包经营权的特征

其一，土地承包经营权的主体是一切农业生产经营者，包括从事农业生产的自然人、法人及其他组织，非从事农业生产的自然人、法人及其他组织不能成为土地承包经营权的主体。

其二，土地承包经营权的客体具有特殊性，其客体为集体所有或国家所有由集体使用的耕地、山岭、草原、水面、荒地、滩涂等其他依法用于农业生产的土地。

其三，土地承包经营权的设立目的具有特殊性，土地承包经营权的设立是以从事种植业、养殖业、畜牧业等农业活动为目的。

其四，土地承包经营权的产生方式具有特定性。土地承包经营权并不是直接依法律规定取得的，而是由发包人和承包人直接签订承包合同，在土地承包经营权合同生效时，土地承包经营权同时成立，登记造册只是确认承包经营权的程序。

其五，土地承包经营权有具体的存续期限。《物权法》第一百二十六条规定："耕地的承包期为三十年。草地的承包期为三十年至五十年。林地的承包期为三十年至七十年；特殊林木的林地承包期，经国务院林业行政主管部门批准可以延长。"

二、土地承包经营权的取得

（一）土地承包经营权的设立

1. 基于家庭联产承包合同而取得

签订土地承包经营合同是取得土地承包经营权最主要的方式。《物权法》第一百二十七条第一款规定："土地承包经营权自土地承包经营权合同生效时设立。"

2. 通过招标、拍卖、公开协商等方式取得

对于不适合采取承包经营合同方式设立土地承包经营权的"四荒"土地，法律允许以招标、拍卖、公开协商等方式设立承包经营权。

3. 基于法律行为以外的原因而取得

继承是基于法律行为以外的原因取得土地承包经营权的方式。

（二）土地承包经营权的流转

1. 通过家庭联产承包合同取得的土地承包经营权的流转

根据《物权法》第一百二十八条和《农村土地承包法》第三十二条的规定，土地承包经营权人有权将土地承包经营权采取转包、出租、互换、转让、入股或者其他的方式流转。流转的期限不得超过承包期的剩余期限。这说明，通过家庭联产承包合同取得的土地承包经营权可以通过转包、出租、互换、转让、入股或者其他方式流转。

2. 通过招标、拍卖、公开协商等方式取得的土地承包经营权的流转

根据《物权法》第一百三十三条的规定，通过招标、拍卖、公开协商等方

式承包荒地等农村土地，依照农村土地承包法等法律和国务院的有关规定，其土地承包经营权可以转让、入股、抵押或者以其他方式流转。

三、土地承包经营权的效力

(一) 承包人的权利

1. 对土地的占有、使用及收益权

《物权法》第一百二十五条规定：“土地承包经营权人依法对其承包经营的耕地、林地、草地等享有占有、使用和收益的权利，有权从事种植业、林业、畜牧业等农业生产。”

2. 依法流转权

土地承包经营权作为一项用益物权，具有独立于土地所有权的处分权能，可以进行流转。

3. 投资补偿权

承包地被依法征收征用的，依照《物权法》第四十二条第二款的规定，承包人的投资有权依法获得相应的补偿。

4. 自主经营权

承包方有权依据承包合同对承包经营的标的物为占有、使用和收益，有权自主决定农业生产活动，发包方不得随意干涉。

(二) 承包人的义务

承包人在承包期内要依法缴纳承包费用，依法律规定和合同约定的方法和用途合理使用土地，不得给土地造成永久性损害，返还土地时要恢复土地原状等。

四、土地承包经营权的消灭

(一) 土地承包期限届满不愿继续承包的

土地承包经营权是一种有期限的物权，一般土地承包经营合同中规定的期限届满，土地承包经营权归于消灭。承包方应当将承包地交回发包方。但是，承包

期限届满并不一定导致土地承包经营权的消灭。《物权法》第一百二十六条第二款规定，承包期限届满，由土地承包经营权人按照国家规定继续承包。但如果承包方不愿继续承包，就会导致土地承包经营权的消灭。

（二）承包人在承包期内交回承包地

在土地承包经营合同约定的承包期限届满前，承包方将承包地交回发包方。

（三）发包人在承包期内依法收回土地

在土地承包经营合同约定的承包期限届满前，发包人因特定理由将承包地提前收回。

（四）农地被依法征收

国家基于公共利益的需要而征收集体所有的土地时，在该土地上设立的土地承包经营权当然消灭。

案例 20

农村集体经济组织成员资格的确认①

——桓仁满族自治县桓仁镇某村村民委员会、桓仁满族自治县桓仁镇某村第二村民组诉夏某、王某侵害集体经济组织成员权益案

原告（上诉人）：桓仁满族自治县桓仁镇西关村村民委员会（以下简称某村民委）、桓仁满族自治县桓仁镇西关村第二村民组（以下简称某村二组）

被告（被上诉人）：夏某、王某

【基本案情】

夏某于 1967 年 10 月 31 日出生于某村二组，1987 年与王某国结婚，婚后户口没有迁出。1987 年前，夏某分有承包土地，至 1993 年承包土地被收回。王某国与夏某玲之女王某于 1988 年出生，户口也落在某村二组，王某出生后未分配

① 国家法官学院案例开发研究中心：《中国法院 2015 年度案例　土地纠纷（含林地纠纷）》，中国法制出版社 2015 年版，第 14 页。

承包土地。1998 年 4 月，夏某玲与王某国离婚。此后夏某玲与王某一直生活在某村二组。2000 年，某村二组二轮土地延包每人正常分配家庭承包土地一等地 0.6 亩、二等地 0.8 亩，均折合一等地 0.6 亩。

某村二组在二轮土地延包中的分地小组自 1999 年 11 月成立至 2000 年 4 月解散。二轮土地延包中某村二组留有机动地，其目的是为了给新增人口分配承包土地。组长有权将机动地分给尚未承包本组农村土地的本组村民。2001 年，某村二组组长从机动地中分给夏某、王某共计 1.2 亩承包土地（实际测量为 1.96 亩）让其经营，双方未签订土地承包合同。夏某与王某经营的 1.96 亩土地未在本组土地台账上登记。某村二组只是对夏某及王某等人分地未上台账的情况作了记录，其中注明夏某两人 1.2 亩。2012 年，夏某与王某经营的 1.96 亩土地被桓仁满族自治县土地收储中心征收。因某村委会、某村二组认为夏某与王某不享有 0.6 亩家庭承包土地，夏某与王某不应分得被征收土地的土地补偿费。

某村二组向本组成员发放的《辽宁省农民负担手册（2003~2005 年度）》记载，户主为夏某，住址桓仁镇某村二组，家庭人口数两人，2003 年农业税及附加总应征金额为 49.59 元。2003 年纳税人为夏某的农业税完税凭证记载，实纳金额为 49.59 元。

又查明，新生儿落户必须经过某村二组同意。庭审中某村民委、某村二组同意夏某、王某享有其耕种的 1.96 亩土地的地上附着物补偿款及青苗费，夏某、王某同意多出的 0.76 亩的土地补偿款归某村二组集体所有。

【案件焦点】

第一，夏某、王某是否具有某村二组的农村集体经济组织成员资格；第二，夏某、王某每人是否享有 0.6 亩的土地承包经营权和该土地被征收后的土地补偿款。

【法院裁判要旨】

辽宁省桓仁满族自治县人民法院经审理认为：第一，当事人对农村土地承包仲裁委员会裁决不服，向人民法院提起诉讼的，农村土地承包仲裁委员会的裁决不生效。人民法院应对当事人之间的实体权利、义务争议进行审理。因此，某村委会及某村二组要求撤销桓农仲案字（2012）第××号仲裁裁决没有法律依据，对该诉讼请求，本院不予支持。本院应对夏某及王某是否享有家庭土地承包权及土地被征收后，夏某及王某应否享受相关待遇进行审理。第二，夏某与王某因出生取得某村二组村民资格。夏某结婚及离婚后户口一直在某村二组并在某村二组生产生活。夏某与王某享受某村二组村民同等待遇的土地。当年某村二组村民每人正常分配家庭承包土地一等地 0.6 亩、二等地 0.8 亩，均折合一等地 0.6 亩。2001 年，某村二组分给夏某与王某 1.2 亩土地（实际测量为 1.96 亩）让其经营。夏某与王某实际经营该土地至 2012 年。夏某和王某与某村二组家庭土地承包关系成立。第三，当承包土地被征收时，夏某与王某应与其他村民一样，享受土地补偿费、安置补助费、地上附着物和青苗补偿费等费用。

辽宁省桓仁满族自治县人民法院依照《民事诉讼法》第一百四十条之规定，作出如下判决：

一、夏某与王某每人享有 0.6 亩一等地家庭承包土地承包经营权及 0.6 亩一等地被征收后的土地补偿费及安置补助费。

二、夏某与王某经营的 1.96 亩土地被征收时的地上附着物和青苗补偿费归夏某与王某所有。

三、夏某与王某与其他村民享有同样的村民待遇。

四、驳回某村民委、某村二组要求撤销桓仁满族自治县农村土地承包仲裁委员会桓农仲案字（2012）第××号仲裁裁决的诉讼请求。

某村民委、某村二组持原审起诉意见提起上诉。辽宁省本溪市中级人民法院经审理认为：本案为侵犯集体经济组织成员权益纠纷，争议焦点为夏某、王某是否具有某村二组的农村集体经济组织成员资格以及夏某、王某每人是否享有 0.6 亩的土地承包经营权和该土地被征收后的土地补偿款。

关于夏某、王某是否具有某村二组的农村集体经济组织成员资格。我国农村集体经济组织成员资格的认定，应从我国农村集体经济组织所具有的自然共同体特征出发，综合考虑当事人生产、生活状况、户口登记状况以及农村土地对农民生活的基本生活保障功能等因素予以认定。本案中，夏某、王某均是出生后将户口落在西关村二组，并一直生活在西关村二组。因此，夏某、王某具有西关村二组的农村集体经济组织成员资格。

关于夏某、王某每人是否享有 0.6 亩的土地承包经营权和该土地被征收后的土地补偿款问题，《中华人民共和国农村土地承包法》（以下简称《农村土地承包法》）第五条规定：“农村集体经济组织成员有权依法承包由本集体经济组织发包的农村土地。任何组织和个人不得剥夺和非法限制农村集体经济组织成员承包土地的权利。”第二十八条规定：“下列土地应当用于调整承包土地或者承包给新增人口：（一）集体经济组织依法预留的机动地……”夏某、王某有权承包由本村集体经济组织发包的农村土地。2001 年，西关村二组组长从本组预留的机动地中给二轮土地延包过程中未分到承包土地的 13 位本村村民每人分地 0.6 亩，共计 7.8 亩。夏某、王某共分到 1.2 亩农村土地。虽然西关村二组与夏某未签订书面土地承包合同，但夏某自分地后一直经营至 2012 年，且夏某在 2003 年按照辽宁省农民负担手册、农业税纳税通知书上的数据缴纳了农业税。因此，按照《中华人民共和国合同法》第三十六条“法律、行政法规规定或者当事人约定采用书面形式订立合同，当事人未采用书面形式但一方已经履行主要义务，对方接受的，该合同成立”之规定，双方之间的土地承包合同成立并生效，夏某、王某依法共计享有某村二组 1.2 亩的土地承包经营权及该土地被征收后的土地补偿款。因此，对于某村委会、某村二组提出的夏某、王某不享有某村二组的土地承包经营权及土地补偿款的上诉请求，本院不予支持。

关于某村委会、某村二组提出的本案是土地承包经营权纠纷，不应对土地补偿款及地上附着物补偿款进行裁决的上诉请求，庭审时合议庭释明后某村民委、某村二组称此项上诉请求针对的是仲裁裁决。《农村土地承包经营纠纷调解仲裁法》第四十八条规定：“当事人不服仲裁裁决的，可以自收到裁决书之日起三十日内向人民法院起诉。逾期不起诉的，裁决书即发生法律效力。”某村委会、某村二组在收到仲裁裁决书后的 30 日内向桓仁满族自治县人民法院起诉，该仲裁裁决书并未发生法律效力，故对于某村委会、某村二组的此项上诉请求，本院不予支持。

关于某村委会、某村二组提出的裁决书对村民待遇进行裁决，系超范围裁决的上诉请求。某村委会、某村二组在一审起诉状中并未包含此项诉讼请求，而是一审时夏某、王某在答辩中提出的请求人民法院判决其享有本组村民享有的一切其他待遇，因此，原审法院不应对此项请求进行审理。故对于某村委会、某村二组的此项上诉请求，本院予以支持。

综上所述，原审判决认定事实清楚，但适用法律存在不当之处，应予纠正。据此，依照《民事诉讼法》第一百七十条第一款第二项之规定，作出如下判决：

一、维持辽宁省桓仁满族自治县人民法院（2013）桓民二初字第××号民事判决第一项、第二项、第四项。

二、撤销辽宁省桓仁满族自治县人民法院（2013）桓民二初字第××号民事判决第三项。

【案例评析】

本案涉及的问题是：嫁往外村又离婚的妇女的承包经营土地被征收后是否可以获得补偿。

《农村土地承包法》第三十条规定："承包期内，妇女结婚，在新居住地未取得承包地的，发包方不得收回其原承包地；妇女离婚或者丧偶，仍在原居住地生活或者不在原居住地生活但在新居住地未取得承包地的，发包方不得收回其原承包地。"《妇女权益保障法》第三十二条规定："妇女在农村土地承包经营、集体经济组织收益分配、土地征收或者征用补偿费使用以及宅基地使用等方面，享有与男子平等的权利。"第三十三条第一款规定："任何组织和个人不得以妇女未婚、结婚、离婚、丧偶等为由，侵害妇女在农村集体经济组织中的各项权益。"《物权法》第一百三十二条规定："承包地被征收的，土地承包经营权人有权依照本法第四十二条第二款的规定获得相应补偿。"第四十二条第二款规定："征收集体所有的土地，应当依法足额支付土地补偿费、安置补助费、地上附着物和青苗的补偿费等费用，安排被征地农民的社会保障费用，保障被征地农民的生活，维护被征地农民的合法权益。"

本案中，被告夏某、王某是以出生的方式原始取得了某村二组的户籍，夏某结婚时户口没有迁出，离婚后，与王某一起在该组生产生活，作为原告的村民，其土地承包经营权受法律保护，且原告在2001年分给两被告土地1.2亩，两被告也以该村村民身份履行了相关纳税义务，因此，应认定其具有该组成员资格。两被告因具有某村二组成员资格，她们合法取得了某村二组的土地承包经营权，现在因为公共利益需要其承包地被征收的，有权依法获得土地补偿费。被告认为夏某与王某不应分得被征收土地的土地补偿费于法无据。

案例 21

农村土地承包经营权流转中转包与转让的区分[①]
——易某成诉易某义、王某菊土地承包经营权转让合同案

原告： 易某成

被告： 易某义、王某菊

【基本案情】

易某成原居住在石门县夹山镇三板桥村三板桥一组，系农业人口，分有责任田地7.2亩以及山林、橘园。2007年七八月，为筹钱在外购房，易某成与易某义、王某菊夫妇取得联系欲出售自己三间二层的一栋楼房，经双方协商确定了卖方的相关事宜。之后，易某成向当时的村委会干部陈某、黄某反映情况后，村委会要求易某成办理好相关手续。2007年9月6日，易某成向三板桥村委会提交所在小组村民签字同意的个人卖房书面报告，载明：房屋变卖的同时，分给对方二人水田，本人留一人田地等。村委会干部在征求易国成家庭成员同意后，表示同意。2007年9月15日，易某成与易某义、王某菊双方及村委会三方到场，经石门县夹山镇人民调解委员会介入，双方达成协议；约定房屋价款50000元，其他"活动产"38000元；5.5亩责任田、两块橘园（110株）"转包"给易某义、王某菊，钟某山归易长义、王某菊所有。当日，易某成又向村委会出具保证书：居住、生活出现困难与村组无关，山林、田土的2/3流转给易长义，不再向村组申请承包田地等。2007年10月1日，易某义依约支付了88000元价款，易某成则向易某义交付了土地承包经营权证、集体土地建设用地使用证及农村直补款存折。同时，对于责任田地与山林，双方按照协议自行进行了分割。2008年11月，石门县农村土地第二轮延包时，发包方三板桥村委会将诉争责任田地登记在易某成名下，所办理的农村土地承包经营权证由易某义领取。

另查明，2007年至2010年，直补款按易某成、易某义和王某菊各自种植面

① 国家法官学院案例开发研究中心：《中国法院2017年度案例　土地纠纷（含林地纠纷）》，中国法制出版社2017年版，第125页。

积分得；2011 年至 2012 年由易国成单独领取；2013 年，村委会将直补款存折分割，由双方各自领取。协议中“活动产”指三张床、十几把椅子、碗、被子、棉絮等物品。

【案件焦点】

易某成与易某义、王某菊之间的土地流转行为应如何定性。

【法院裁判要旨】

湖南省石门县人民法院经审理认为：本案易某成办理流转手续时向村委会提交书面材料，表示将自己承包的责任田地分给易某义、王某菊 2/3，并保证如生活出现困难不再向村组申请承包田地，签订协议后自行与易某义、王某菊分割了田地、林地，其收到价款后又将承包经营权证、直补款存折交付易某义、王某菊方，流转完成多年易某成无异议，符合流转方式中转让的特征，故对该行为的法律性质应定性为转让，而非转包。对易某义、王某菊的相关辩解意见，法院予以采纳。

《合同法》第一百二十五条第一款规定：“当事人对合同条款的理解有争议的，应当按照合同所使用的语句、合同的有关条款、合同的目的、交易习惯以及诚实信用原则，确定该条款的真实意思。”本案中，如将“转包”作文义理解，与易某成欲举家搬迁的目的相悖，与易某成事前向村委会提交的证据相反，而将“转包”作转让理解时，用目的、历史、体系解释的方法均能解释该条款，也更符合常理和逻辑。综上所述，当事人的真意应为土地承包经营权转让。“转包”显属误写。因此，案涉人民调解协议书系双方真实意思表示，未违反国家法律和行政法规的强制性规定，且协议双方实际已按照协议履行，应确认有效。予以维持。该土地承包经营权协议转让行为。得到发包方同意，转让行为亦为有效。故判决：

驳回易某成的全部诉讼请求。

【案例评析】

本案争议的焦点是易某成与易某义、王某菊之间的土地流转行为应如何定性，究竟是转让还是转包。根据《土地管理法》《农村土地承包法》《最高人民法院关于审理涉及农村土地承包纠纷案件适用法律问题的解释》及中华人民共和国农业部《农村土地承包经营权流转管理办法》的相关规定，转包是指承包方将部分或全部土地承包经营权以一定期限转给同一集体经济组织的其他农户从事农业生产经营。转包后原土地承包关系不变，原承包方继续履行原土地承包合同规定的权利和义务。接包方按转包约定的条件对转包方负责。转让是指承包方有稳定的非农职业或者有稳定的收入来源，经承包方申请和发包方同意，将部分或全部土地承包经营权让渡给其他从事农业生产经营的农户，由其履行相应土地承包合同的权利和义务。转让后原土地承包关系自行终止，原承包方承包期内的土地承包经营权部分或全部终止。由此可见，转包和转让的区别在于：土地承包经营权转包后，原土地承包关系不发生改变，原承包方继续履行原承包合同规定的权利义务，转包不需要经过发包方同意；而转让则必须经过发包方同意，转让后，原土地承包关系自行终止，受让人与发包方形成新的土地承包关系。

在本案中，易某成与易某义、王某菊之间所签署的书面协议上确实写作“转包”，但结合案情分析，易某成办理流转手续时向村委会提交了书面材料，表示分给易某义、王某菊2/3的土地，并保证如生活出现困难不再向村组申请承包田地，签订协议后自行与易某义、王某菊分割了田地、林地，其收到价款后又将承包经营权证、直补款存折交付易某义、王某菊。如将协议中的“转包”作字面理解，与易某成举家搬迁的目的不符，与其向村委会所作的保证和其后交付承包经营权证和直补款存折的行为相违背。所以，将易某成与易某义、王某菊之间的合同理解为转让更符合常理。

第三节　建设用地使用权

一、建设用地使用权概述

（一）建设用地使用权的概念

建设用地使用权是指自然人、法人等民事主体在一定的土地上享有的占有、使用和收益，建造并经营建筑物或其他工作物的权利。《物权法》第一百三十五条规定："建设用地使用权人依法对国家所有的土地享有占有、使用和收益的权利，有权利用该土地建造建筑物、构筑物及其附属设施。"

（二）建设用地使用权的法律特征

1. 建设用地使用权的客体限于国家所有土地

建设用地使用权的标的物是国家所有的土地，不包括集体所有的农村土地。如果在农村集体所有的土地上设立建设用地使用权，需要对集体所有的土地先进行征用，变为国有土地之后，才可以设立建设用地使用权。

2. 建设用地使用权的适用范围是为了在土地上建造建筑物或其他工作物

建设用地使用权的适用范围只限于在土地上建造建筑物、构筑物及其他工作物，但不包括种植竹木，以此区别于土地承包经营权。

3. 建设用地使用权的取得一般具有有偿性

一般情况下，建设用地使用权的取得是有偿的，依特别法规定以划拨方式取得的土地使用权是无偿的。但是，如果以划拨方式取得的土地使用权要进入流通领域，仍然要先缴纳土地出让金才允许流转，所以，实行的仍然是有偿制度。

4. 建设用地使用权具有期限性

建设用地使用权的取得是有期限的，具体期限因目的、用途不同而有所区别。根据《中华人民共和国城镇国有土地使用权出让和转让暂行条例》第十二条的规定，土地使用权出让最高年限依下列用途确定：居住用地 70 年；工业用地 50 年；教育、科技、文化、卫生、体育用地 50 年；商业、旅游、娱乐用地 40 年；综合或者其他用地 50 年。

5. 建设用地使用权具有流通性

建设用地使用权是以土地的所有权为基础而产生的用益物权，一经产生即具有独立性，在不改变所有权的条件下可以独立进入交易市场，成为市场流转的客体。

二、建设用地使用权的取得

（一）建筑用地使用权的设立

我国建设用地使用权的设立有出让和划拨两种方式。

1. 通过出让方式取得建设用地使用权

建设用地使用权的出让，是国家以土地所有者的身份，将土地的使用权在一定期限内让与土地使用者，由土地使用者向国家支付建设用地使用权出让金的行为。《物权法》第一百三十七条第二款规定：“工业、商业、旅游、娱乐和商品住宅等经营性用地以及同一土地上有两个以上意向用地者的，应当采取招标、拍卖等公开竞价的方式出让。”根据该条规定，土地使用权出让的方式有招标、拍卖、协议等方式。土地使用权出让应当签订土地使用权出让合同，并向登记机构申请登记，权利自登记时设立。

2. 通过划拨方式取得建设用地使用权

建设用地使用权的划拨是指国家无偿地将一定面积的土地交由权利人占有使用的方式。《物权法》第一百三十七条第三款规定：“严格限制以划拨方式设立建设用地使用权。”根据《城市房地产管理法》和《中华人民共和国土地管理法》等的规定，国家机关用地和军事用地，城市基础设施用地和公益事业用地，国家重点扶持的能源、交通、水利等基础设施用地，法律、行政法规规定的其他用地可以采用划拨的方式。

（二）建设用地使用权的流转

建设用地使用权作为一种用益物权，它是独立存在的，具有商品的性质，可以进入商品交易市场进行流转。《物权法》第一百四十三条规定：“建设用地使用权人有权将建设用地使用权转让、互换、出资、赠与或者抵押，但法律另有规定的除外。”这说明我国建设用地使用权流转的方式包括转让、互换、出资、赠与、抵押以及法律特别规定的方式。

三、建设用地使用权的效力

（一）建设用地使用权人的权利

1. 建造建筑物及其他工作物的权利

设立建设用地使用权的目的在于使用土地建造建筑物及其工作物。这是建设用地使用权人的基本权利。

2. 处分建设用地使用权的权利

《物权法》第一百四十三条规定："建设用地使用权人有权将建设用地使用权转让、互换、出资、赠与或者抵押，但法律另有规定的除外。"

3. 建设用地使用权被提前收回时获得补偿的权利

《物权法》第一百四十八条规定："建设用地使用权期限届满前，因公共利益需要提前收回该土地的，应当依照本法第四十二条的规定对该土地上的房屋及其他不动产给予补偿，并退还相应的出让金。"

（二）建设用地使用权人的义务

1. 支付建设用地使用权出让金的义务

除了划拨方式无偿取得土地使用权以外，《物权法》第一百四十一条规定："建设用地使用权人应当依照法律规定以及合同约定支付出让金等费用。"

2. 对土地的合理使用和保护义务

《物权法》第一百四十条规定："建设用地使用权人应当合理利用土地，不得改变土地用途；需要改变土地用途的，应当依法经有关行政主管部门批准。"

四、建设用地使用权的消灭

建设用地使用权作为物权的一种，可以因为物权消灭的一般原因而消灭，还可因特殊原因而消灭。

1. 建设用地使用权因公共利益需要被提前收回的

《物权法》第一百四十八条规定："建设用地使用权期间届满前，因公共利益需要提前收回该土地的，应当依照本法第四十二条的规定对该土地上的房屋及其他不动产给予补偿，并退还相应的出让金。"

2. 建设用地使用权因土地灭失而消灭的

建设用地使用权的标的物是土地，如果土地一旦灭失，建设用地使用权自然消灭。比如因地震、洪水等自然灾害导致的土地灭失，就会引起建设用地使用权的变化。如果土地全部灭失；建设用地使用权则全部灭失，如果土地部分灭失，建设用地使用权则发生变更。

3. 建设用地使用权被所有权人撤销的

《城市房地产管理法》第二十六条规定："以出让方式取得建设用地使用权进行

房地产开发的，必须按照出让合同约定的土地用途、动工开发期限开发土地。超过出让合同约定的动工开发日期满一年未动工开发的，可以征收相当于土地使用权出让金百分之二十以下的土地闲置费；满两年未动工开发的，可以无偿收回土地使用权；但是，因不可抗力或者政府、政府有关部门的行为或者动工开发必需的前期工作造成动工开发迟延的除外。”据此规定，当建设用地使用权人在没有正当理由的情况下满两年未动工开发的，土地所有权人可以无偿收回土地使用权。

4. 建设用地使用权期限届满未续期的

《物权法》第一百四十九条规定：“住宅建设用地使用权期间届满的，自动续期。非住宅建设用地使用权期间届满后的续期，依照法律规定办理。该土地上的房屋及其他不动产的归属，有约定的，按照约定；没有约定或者约定不明确的，依照法律、行政法规的规定办理。”这条规定说明，非住宅建设用地使用权期间届满，如果当事人不申请续期，则会导致建设用地使用权的消灭。

案例 22

特殊历史背景下的国有土地使用权转让之效力认定[①]
——周某诉北京市西郊农场合同案

原告（反诉被告、被上诉人）：周某

被告（反诉原告、上诉人）：北京市西郊农场（以下简称西郊农场）

【基本案情】

西郊农场是北京市西郊工业公司（以下简称某工业公司）的上级单位。某工业公司后院内的原有房屋登记在西郊农场名下。某工业公司于2009年6月1日经其上级单位决定被注销。

1998年5月4日，西郊农场授权某工业公司将该公司后院内的全部房屋（面积共计357平方米）和后院（土地面积1140.70平方米）以55万元的价格转让给周某，双方签订《合同书》并约定由某工业公司负责办理房屋土地转让手

① 国家法官学院案例开发研究中心：《中国法院2015年度案例　土地纠纷（含林地纠纷）》，中国法制出版社2015年版，第100页。

续，费用由双方分担，如周某翻建、增建房屋，由某工业公司协助办理手续，由周某支付报批费用；周某在使用期内有权按照规划要求翻建增建房屋；任何一方违约须按成交额的50%赔偿对方经济损失。次日，某工业公司与周某另签订《合同书》一份，除将总计的房屋面积由357平方米变更为460.60平方米，将总计的土地面积由1140.70平方米变更为1157.90平方米，将违约责任由按成交额的50%赔付变更为赔偿经济损失100万元之外，其余内容均与前一份《合同书》一致。缔约前后，某工业公司已向周某交付房屋、院落，由周某经营商贸公司。周某陆续支付全部转让费55万元。同月，某工业公司就上述转让事宜出具证明书，北京市海淀区上庄乡人民政府土地规划科在该证明书上加盖公章。

某工业公司后院所在面积为1157.90平方米的整宗土地为国有土地。某工业公司于1998年3月24日就该宗土地向北京市某区房屋土地管理局提出土地出让申请，并于1998年12月30日作为受让方签订《北京市国有土地使用权出让合同》。上述宗地的出让金于1999年1月15日以西郊农场的名义全部付清。西郊农场于1999年3月就其同意前述某工业公司与周某之间的房屋及院落转让事宜出具证明，并于1999年11月17日就上述转让事宜向某工业公司做出同意批复。上述宗地至今未办理国有土地使用权证。

某工业公司后院内的房屋，原始登记房屋共计31间（1~5号房），建筑面积合计460.60平方米，占地面积1157.90平方米。1998年4月，院内房屋已增建，但未在房屋管理部门进行变更登记。周某受让房屋后，亦有翻建、新建房屋的行为，其中新建三层楼房一栋用于居住。目前，原有登记房屋已部分灭失。

现周某依据其与某工业公司的《合同书》，要求西郊农场将原1、2、4、5号房屋及房屋所在宗地的土地使用权过户至其名下。西郊农场认为，周某系外地户口，无在京购买公房资格；周某建房未经其同意，亦无建房审批，其建房行为改变了房屋面积、结构、性质，构成违约且导致房屋无法过户；涉案土地使用权的出让存在瑕疵且至今未办理土地使用权证，土地使用权无法过户，据此，西郊农场反诉要求解除两份《合同书》并要求周某腾退房屋和院落。

法院经向土地管理部门了解获悉，在某工业公司作为受让方已就涉案宗地签订国有土地使用权出让合同且出让金已付清的情况下，涉案宗地未办理国有土地使用证并不影响受让方将其土地使用权依法转让他方并办理转移登记手续。另外，法院从房屋管理部门了解到，房屋受让方就整宗国有土地的地上房屋申请办理房屋过户手续时，须提交该宗国有土地的使用权证。

【案件焦点】

周某与某工业公司签订的转让合同是否有效；周某要求将涉案宗地的土地使用权登记至其名下的主张应否支持。

【法院裁判要旨】

北京市海淀区人民法院经审理认为：某工业公司虽非其后院房屋产权人，且其在与周某签订两份《合同书》时尚未签订涉案宗地的使用权出让合同并完成相关出让手续，但某工业公司就其后院房屋的转让取得了房屋产权人西郊农场的授权和同意，西郊农场在西郊工业公司签订土地使用权出让合同且土地出让金付清后，也对某工业公司将涉案房屋和土地使用权转让给周某一事做出同意的批复，而某工业公司及西郊农场就涉案宗地至今未办理国有土地使用证，不影响某工业公司与周某就涉案房屋及宗地使用权所为的转让行为的效力，故周某与某工业公司签订的两份《合同书》，均系双方当事人的真实意思表示，且未违反法律、行政法规的强制性规定，应系合法有效，对双方当事人均具有约束力。

西郊农场反诉要求解除上述两份《合同书》，法院认为：第一，因后一份《合同书》对前一份《合同书》进行了变更，且双方也按照后一份《合同书》载明的房屋面积和土地面积实际履行了房屋、土地的交付义务和付款义务，故前一份《合同书》已被后一份《合同书》所取代。第二，周某与某工业公司签订的《合同书》是否违反《北京市人民政府关于城市公有房屋管理的若干规定》第十条关于个人购买公房须有本市正式户口并经区县以上房管部门审批的规定，并不构成西郊农场就上述《合同书》行使单方解除权的法定事由。第三，西郊农场虽主张周某在诉争院落内建房须取得其同意，但未就其该主张提交证据予以证明，周某对此亦予以否认，故法院对于西郊农场的上述主张不予采信；加之，建房时是否具备建房审批手续并不必然导致建成的房屋不能办理产权和过户登记，故西郊农场以周某在未经其同意、未取得建筑审批手续的情况下进行大规模增建、改建房屋的行为已构成违约、导致房屋不能过户、合同目的落空为由，要求解除上述《合同书》，无事实和法律依据。第四，周某受让涉案宗地的土地使用权及涉案房屋后，一直在该处经营商贸有限公司，西郊农场现仅以周某及其家人在院内建楼房一栋用于居住生活为由，主张周某改变了涉案宗地和房屋的工业用途，构成违约，导致房屋无法过户，该主张缺乏事实和法律依据，法院不予采信。综上所述，西郊农场要求解除上述两份《合同书》的反诉请求，于法无据，法院不予支持；进而，法院对于西郊农场要求周某腾退诉争院落及房屋的反诉请求，亦不予支持。

根据后一份《合同书》，某工业公司负有为周某办理房屋过户及土地使用权之转让手续的合同义务，在该公司注销后，该公司在上述《合同书》项下的权利义务理应由其上级单位西郊农场继受，故西郊农场理应就涉案宗地的使用权登记至周某名下，相关费用由周某先行垫付，待数额确定后双方可就费用的负担另行协商解决。因部分原因房屋已灭失，又因转让的房屋系在整宗国有土地上，在周某未就涉案宗地取得国有土地使用证的情况下，涉案房屋尚不具备过户至其名下的客观条件，故对于周某要求过户涉案房屋的诉讼请求，不予支持。

北京市某区人民法院依照《合同法》第八条、第一百零七条，判决如下：

一、北京市西郊农场于本判决生效后30日内将位于北京市某区上庄乡人民政府（现北京市某区上庄镇人民政府）东侧原某工业公司后院所在宗地的国有土地使用权登记至周某名下。

二、驳回周某的其他诉讼请求。

三、驳回西郊农场的全部反诉请求。

西郊农场不服一审判决上诉。北京市第一中级人民法院经审理认为，某工业公司作为涉案土地受让方，与某区房屋土地管理局签订了《北京市国有土地使用权出让合同》并交纳了土地出让金，根据土地管理部门的意见，目前虽未办理国有土地使用权证，但不影响该受让方将其土地使用权依法转让他方并办理转移登记手续。因此，西郊农场和周某签订的两份《合同书》应为合法有效，双方均应依约履行。西郊农场的上诉请求，依据不足，不予支持。

北京市第一中级人民法院依据《民事诉讼法》第一百七十条第一款第（一）项之规定，判决如下：

驳回上诉，维持原判。

【案例评析】

本案涉及的问题是西郊工业公司与周某国有土地使用权转让合同的效力问题。在本案中，某工业公司就其后院房屋的转让取得了房屋产权人西郊农场的授权和同意，西郊农场在西郊工业公司签订土地使用权出让合同且土地使用出让金付清后，也对某工业公司将涉案房屋和土地使用权转让给周某一事作出了同意的意思表示，某工业公司与周某就涉案房屋及土地使用权的转让签订了两份合同书，均属双方真实意思的表达，并且不违反法律、法规的强制性规定，应认定该合同有效，对双方当事人均具有约束力。双方争议的问题在于某工业公司与周某签订合同时未办理国有土地使用权证，并且至今没有办理，该行为是否影响合同的效力。根据《最高人民法院关于审理涉及国有土地使用权合同纠纷案件适用法律问题的解释》第九条的规定："转让方未取得出让土地使用权证书而与受让方订立合同转让土地使用权，起诉前转让方已经取得出让土地使用权证书或者有批准权的人民政府同意转让的，应当认定合同有效。"诉争合同不符合上述司法解释的规定，那么它的效力如何认定呢？在本案中有以下细节值得我们注意：第一，周某与某工业公司签订土地使用权转让合同时，涉案房屋的所有权人西郊农场曾对西郊工业公司授权对此合同的签订表示认可。第二，涉案土地出让金付清之后，西郊农场再次对转让表示同意并做了批复，并且上庄乡人民政府土地规划科亦在某工业公司的同意转让证明书上对上述转让事宜盖章确认。第三，土地管理部门表示，在受让方已经付清土地使用权出让金的情况下，未办理土地使用权证不影响土地使用权的转让。综上所述，应认定某工业公司与周某土地使用权转让合同有效，某工业公司应在规定期限内协助周某办理土地使用权过户手续。

第四节　宅基地使用权

一、宅基地使用权概述

（一）宅基地使用权的概念

宅基地使用权是指农村集体经济组织成员依法在集体所有的土地上所享有的建筑住宅及其附属设施以供居住使用的权利。《物权法》第一百五十二条规定："宅基地使用权人依法对集体所有的土地享有占有和使用的权利，有权依法利用该土地建造住宅及其附属设施。"在农村，拥有宅基地跟在城市里面拥有一套自己的房子一样重要，《物权法》规定宅基地使用权这种特殊的用益物权，就是为了保障农民的基本生活需要。

（二）宅基地使用权的特点

1. 严格的身份性

宅基地使用权的主体是农村集体经济组织的成员，集体经济组织以外的人员一般不得申请宅基地。国务院《关于深化改革严格土地管理的决定》再次强调："加强农村宅基地管理，禁止城镇居民在农村购置宅基地。"《土地管理法》中有"农村村民出卖、出租住房后，再申请宅基地的，不予批准"的规定，也体现了不允许宅基地使用权向集体经济组织外的城镇居民转让的意思。

2. 权利取得的福利性

宅基地使用权的取得一般是无偿的，所以宅基地使用权具有福利性质。

3. 权利客体的特定性

宅基地使用权的客体是经依法批准划拨给个人建造住宅使用的集体土地。

4. 目的的特定性

宅基地使用权的设立目的是供建造住宅及其附属设施而居住、使用。

5. 使用的永久性

宅基地使用权的主体申请到了宅基地，拥有了宅基地使用权之后，如果没有特殊情况，是可以永远免费使用这个宅基地的。

二、宅基地使用权的取得和行使

按照《物权法》第一百五十三条"宅基地使用权的取得、行使和转让，适用土地管理法等法律和国家有关规定"的规定，在我国，有关宅基地使用权的取得、行使和转让，都按《土地管理法》和相关规定办理。

（一）宅基地使用权的取得

《土地管理法》第六十二条规定了取得宅基地使用权的要求："农村村民一户只能拥有一处宅基地，其宅基地的面积不得超过省、自治区、直辖市规定的标准。农村村民建住宅，应当符合乡（镇）土地利用总体规划，并尽量使用原有的宅基地和村内空闲地。农村村民住宅用地，经乡（镇）人民政府审核，由县级人民政府批准；其中，涉及占用农用地的，依照本法第四十四条的规定办理审批手续。农村村民出卖、出租住房后，再申请宅基地的，不予批准。”按此规定，农村宅基地的取得要经过三个步骤：申请、审核、批准。

（二）宅基地使用权的行使

农村集体经济组织成员取得宅基地使用权后，可以在该地块上建筑住宅及附属设施，并且宅基地使用权可以随房屋使用权的转让、出租而转让、出租。因转让和抛弃而丧失宅基地使用权的，不得再申请。

三、宅基地使用权的效力

（一）宅基地使用权人的权利

其一，宅基地使用权人取得宅基地后，可以在宅基地上建造房屋及其附属物。《物权法》第一百五十二条规定：“宅基地使用权人依法对集体所有的土地享有占有和使用的权利，有权依法利用该土地建造住宅及其附属设施。”据此规定，宅基地使用权人取得宅基地后，可以在宅基地上建造个人住宅以及与居住生活相关的附属设施。这是宅基地使用权这种用益物权设立的主要目的。

其二，权利人有权在法律允许的范围内处分宅基地使用权。我国法律禁止宅基地使用权单独转让、抵押、继承或出租，但当宅基地上所建的房屋买卖、赠与、继承时，根据“房地一体”原则，宅基地使用权随之发生转移。

其三，以宅基地作为供役地为他人设立地役权的权利。根据《物权法》第一百六十二条的规定，宅基地使用权人可以将自己的宅基地作为供役地为他人设立地役权。

（二）宅基地使用权人的义务

1. 不得擅自变更土地用途

《物权法》规定宅基地使用权的目的是在宅基地上建造房屋及其附属设施，不允许用作他用。

2. 不得非法转让、抵押、出租宅基地使用权

我国现行法对宅基地使用权的转让、抵押、出租作了限制性规定，违反该规定转让、抵押、出租的，不允许再申请宅基地。

3. 严格按照批准的地界使用宅基地

《土地管理法》第六十二条第一款规定："农村村民一户只能拥有一处宅基地，其宅基地的面积不得超过省、自治区、直辖市规定的标准。"按此规定，宅基地使用权人必须严格按照批准的面积使用宅基地，不得越界。

四、宅基地使用权的消灭

1. 宅基地被收回

土地所有权人根据城镇或乡村发展规划，可以收回或调整宅基地使用权，收回之后，应另行给宅基地使用权人分配宅基地。另外，宅基地使用权人获得宅基地后长期闲置的，宅基地所有权人亦可收回宅基地并且不需另行分配宅基地。

2. 宅基地被征收

国家为了公共利益的需要，可以征收宅基地使用权，并就其上的建筑物给予相应的补偿。宅基地使用权被征收的，应另行给宅基地使用权人分配宅基地。

3. 宅基地的灭失

作为宅基地使用权客体的宅基地如果因为自然灾害等原因灭失的，宅基地使用权消灭。对没有宅基地的村民，集体经济组织应当重新分配宅基地。

案例 23

农村集体经济组织成员外的主体持有的
宅基地使用权证效力应如何认定[①]
——黄某全诉吴某勤宅基地使用权案

原告（上诉人）：黄某全
被告（被上诉人）：吴某勤

【基本案情】

1994 年 3 月 8 日，黄某全从日本东京向李某燕汇出日元 1000000 元（折合人

① 国家法官学院案例开发研究中心：《中国法院 2017 年度案例　土地纠纷（含林地纠纷）》，中国法制出版社 2017 年版，第 225 页。

民币 81735.3 元)，并指示李某燕将此款给吴某勤购买房屋。同月 23 日，李某燕与吴某勤在中国银行广州市分行共同领取了上述汇款。当日，吴某勤又在上述银行领取了日元汇款 110000 元（折合人民币 8676.21 元)。同月 30 日，吴某勤与广州市白云区城镇建设开发总公司同和分公司第九集资建房办公室签订《集资建房协议书》，购买位于广州市白云区同和镇东平村东风花园 D 幢 6 层××房（以下简称“讼争房屋”，建筑面积 61.12 平方米，总价 94448.7 元)。同年 6 月 17 日，吴某勤在中国银行广州市分行领取了日元汇款 60000 元（折合人民币 4934.46 元)。同年 8 月 3 日，广州市白云区同和镇人民政府核发编号为穗同字第 No.0000××号的农村（墟镇）宅基地使用证，注明使用人为吴某勤，宅基地坐落于东平村凤凰桥自然村东风花园 D 座××房。

另查明，黄某全、吴某勤均不是诉争房屋所在地集体经济组织的成员。

吴某勤辩称，诉争房屋系吴某勤本人购买，归吴某勤所有；黄某全出具的汇款单只证明黄某全与李某燕之间的经济往来；黄某全、吴某勤关系复杂、暧昧，常有经济往来。关于诉讼时效，双方约定的交楼日期为 2004 年 12 月 31 日，至今长达 6 年，黄某全才提出逾期交楼的违约金问题是没有意义的。

【案件焦点】

在宅基地使用权纠纷案件中，农村集体经济组织成员以外的主体所持有的宅基地使用证效力应如何认定。

【法院裁判要旨】

广东省广州市某区人民法院经审理认为：不动产物权的取得行为应具备相应的法律依据。诉争房屋是农村宅基地房，只能分配给本集体经济组织的成员，不能向非集体经济组织成员的第三人转让或出售。吴某勤的购房行为本已违反我国土地管理法律法规、政策，不能取得诉争房屋的物权。现黄某全再主张确认诉争房屋权属归其所有更属不当，法院不予支持。

广州市某区人民法院依照《物权法》第七条的规定，判决如下：

驳回黄某全的诉讼请求。

黄某全不服一审判决，提出上诉。

广东省广州市中级人民法院经审理认为：依照《物权法》第九条第一款

“不动产物权的设立、变更、转让和消灭，经依法登记，发生效力；未经登记，不发生效力，但法律另有规定的除外”，以及第十七条第一款“不动产权属证书是权利人享有该不动产物权的证明”的规定，现诉争房屋为农村宅基地上所盖，涉案农村宅基地使用人为吴某勤。黄某全以其曾向吴某勤所汇三笔款项金额与房屋金额相近、诉争房屋为其以吴某勤的名义购买为由，主张诉争房屋权属为其所有，因黄某全提供的汇款凭证无法证实其所汇款项是支付购房房款，且其所举证据并不足以证实其以吴某勤名义购房、房屋产权应归黄某全所有的事实，现涉案宅基地使用证登记宅基地使用人为吴某勤。因此，黄某全主张诉争房屋物权归其所有，没有事实和法律依据，原审法院驳回黄某全原审诉请，并无不妥，法院予以维持。黄某全的上诉主张缺乏充分依据，依法应予驳回。

广州市中级人民法院依照《民事诉讼法》第一百七十条第一款第（一）项的规定，判决如下：

驳回上诉，维持原判。

【案例评析】

按照我国《物权法》《土地管理法》的规定，城镇居民不能取得农村宅基地的使用权。《物权法》第一百五十三条规定：“宅基地使用权的取得、行使和转让，适用土地管理法等法律和国家有关规定。”《土地管理法》第六十二条规定：“农村村民一户只能拥有一处宅基地，其宅基地的面积不得超过省、自治区、直辖市规定的标准。农村村民建住宅，应当符合乡（镇）土地利用总体规划，并尽量使用原有的宅基地和村内空闲地。农村村民住宅用地，经乡（镇）人民政府审核，由县级人民政府批准；其中，涉及占用农用地的，依照本法第四十四条的规定办理审批手续。农村村民出卖、出租住房后，再申请宅基地的，不予批准。”根据以上两条内容，我们可知申请宅基地的主体具有特定性，通常只能为本集体经济组织成员，如果是非本集体经济组织成员或者城镇居民，一般不允许申请宅基地。本案中，吴某勤所持有的宅基地使用权证的效力本身有待商榷，所以，如果允许吴某勤向黄某全转让宅基地使用权，就与《土地管理法》对宅基地使用权主体资格的限制规定相悖。

第五节 地役权

一、地役权概述

（一）地役权的概念

地役权是以他人不动产供自己不动产的便利而使用以提高自己不动产效益的权利。《物权法》第一百五十六条第一款规定："地役权人有权按照合同约定，利用他人的不动产，以提高自己的不动产的效益。"在地役权关系中，为自己不动产的便利而使用他人不动产的一方称为地役权人，他人的不动产为供役地，自己的不动产为需役地。

（二）地役权的特点

1. 地役权是存在于他人不动产上的权利

地役权的客体是不动产，包括土地和建筑物，并以该不动产属于他人所有或者使用为要素。地役权存在于他人不动产上，不以对他人不动产的实际占有和使用为要件，只是在他人的不动产之设置一种负担。

2. 地役权是为自己不动产的便利而使用他人不动产的权利

使用供役地的目的，是为了需役地的便利。如果供役地不能提供需役地的便利，就不必设定地役权。这种便利主要：以供役地供通行；以供役地供收益；禁止供役地为某种使用的容忍义务。

3. 地役权具有从属性

虽然地役权在法律属性上是一种独立的权利，但地役权的成立必须以需役地与供役地同时存在为要件，它应当与需役地的所有权或使用权并存。地役权的从属性包括两个方面的内容：第一，地役权必须与需役地所有权或者使用权一同移转，不能与需役地分离单独转让，即需役地所有权人或者使用权人不得自己保留需役地所有权或使用权而单独将地役权让与他人，不得自己保留地役权而将需役地所有权或使用权让与他人，也不得将需役地所有权或使用权与地役权分别让与两个人。《物权法》第一百六十四条规定："地役权不得单独转让。土地承包经营权、建设用地使用权等转让的，地役权一并转让，但合同另有约定的除外。"第二，地役权不得与需役地分离为其他权利的标的。如果在需役地上设定其他权利，则地役权也包括在内。《物权法》第一百六十五条规定："地役权不得单独抵押。土地承包经营权、建设用地使用权等抵押的，在实现抵押权时，地役权一并转让。"

4. 地役权具有不可分性

地役权的不可分性是指地役权为不可分的权利，即地役权不得被分割为两个以上的权利，也不得使其一部分消灭而另一部分单独存在。在需役地分割时，地役权在分割后的地块上的利益仍然存续。如果只涉及部分，就仅对部分有效。《物权法》第一百六十六条规定："需役地以及需役地上的土地承包经营权、建设用地使用权部分转让时，转让部分涉及地役权的，受让人同时享有地役权。"《物权法》第一百六十七条规定："供役地以及供役地上的土地承包经营权、建设用地使用权部分转让时，转让部分涉及地役权的，地役权对受让人具有约束力。"

二、地役权的取得

（一）基于民事行为取得地役权

基于民事行为取得地役权，主要是通过合同设定地役权。《物权法》第一百五十七条第一款规定："设立地役权，当事人应当采取书面形式订立地役权合同。"《物权法》第一百五十八条规定："地役权自地役权合同生效时设立。当事人要求登记的，可以向登记机构申请地役权登记；未经登记，不得对抗善意第三人。"据此，设立地役权，当事人要签订书面合同，地役权自地役权合同生效时设立。当事人要求登记的，可以向登记机构申请地役权登记，是否登记不影响地役权合同的效力，但未经登记的，不得对抗善意第三人。当事人通过合同设立地役权的，地役权期限由当事人约定，但由于合同行为的相对性，该期限不得超过土地承包经营权、建设用地使用权等用益物权的剩余期限。

土地所有权人享有地役权或者负担地役权的，在设立土地承包经营权、宅基地使用权时，该土地承包经营权人、宅基地使用权人继续享有或者负担已设立的地役权。土地上已设立土地承包经营权、建设用地使用权、宅基地使用权等权利的，未经用益物权人同意，土地所有权人不得设立地役权。

（二）基于民事行为以外的原因取得地役权

除通过合同设立地役权外，通过继承也可以设立地役权。当需役地权利人死亡时，需役地的权利由继承人继承，则其地役权也应当由其继承人继承。但通过继承取得的地役权，非经登记，不得处分。另外，地役权也可以随着需役地的移转而受让取得。

三、地役权的内容

（一）地役权人的权利和义务

1. 地役权人的权利

第一，对供役地的使用权。地役权是为了自己不动产的便利而使用他人不动产的权利，所以，地役权人可以在合同约定的使用目的、使用范围内合理使用供役地，这是地役权人最主要的权利。

第二，为附属行为的权利。地役权人为实现其权利，可以在供役地上为必要的附属行为，如挖沟、修路等，以便更好地实现地役权。

第三，地役权的处分权。地役权人享有对地役权有限的处分权，如将地役权转让或者放弃地役权等。

2. 地役权人的义务

第一，地役权人对供役地的使用应当合理。《物权法》第一百六十条规定："地役权人应当按照合同约定的利用目的和方法利用供役地，尽可能减少对供役地权利人物权的限制。"据此，地役权人对供役地的使用应选择损害最小的地点及方法。另外，地役权人因其行使地役权的行为对供役地造成变动、损害的，应当在事后恢复原状并赔偿损失。

第二，地役权人有维护附属设施的义务。对于为行使地役权而在供役地上修建的附属设施，如电线、管道等应当注意维修，以免供役地人因其设施损坏而受到损害。另外，地役权人的上述设施，在不妨碍其地役权行使的限度内，应当允许供役地人使用。

（二）供役地人的权利和义务

1. 供役地人的权利

第一，附属设施使用权。对于地役权人在供役地上所设置的附属设施，在不影响地役权行使范围内，供役地人有权使用。

第二，变更地役权行使场所及方法的请求权。在设定地役权时约定权利行使场所及方法的，如变更对地役权人并无不利影响而对供役地人有利时，供役地人有权请求变更地役权的行使场所及方法。

第三，租金请求权。如果地役权的设定是有偿的，则供役地人有权请求地役权人支付约定的费用。

2. 供役地人的义务

第一，允许地役权人使用供役地的义务。供役地人应当按照地役权合同约定的目的、范围和方式，允许地役权人使用供役地。

第二，容忍和不作为义务。容忍义务是指供役地人应当容忍地役权人于供役地上为一定的行为；不作为义务是指供役地人在供役地上不得为一定的行为。

四、地役权的消灭

1. 土地灭失

地役权的存在以供役地和需役地同时存在为必要条件，因此地役权可以因供役地和需役地的灭失而消灭。

2. 目的事实不能实现

当设定地役权的目的事实上不能实现，地役权就无存在的意义，则地役权消灭。

3. 供役地人依法解除地役权关系

地役权是通过合同设定的，按照合同当事人法律地位平等原则，在地役权设定后，合同当事人必须遵守约定，履行其义务。按照《物权法》第一百六十八条的规定，在下列两种情形下，地役权因供役地人解除地役权关系而消灭：①地役权人违反法律规定或者合同约定，滥用地役权；②有偿利用供役地的，约定的付款期间届满后在合理期限内经两次催告未支付费用。

4. 抛弃

地役权人有权将地役权抛弃，但如果地役权是有偿取得的，地役权人抛弃地役权后，也要支付地役权期间的费用。

5. 存续期间届满或者其他约定事由的发生

地役权如设有存续期间，因期间届满未续期，地役权消灭。地役权如设定附有解除条件，因条件成就，地役权消灭。

案例 24

负担地役权的农村土地被发包给其他承包人，地役权约定是否有效并履行①

——北京 A 技术开发有限责任公司诉北京市房山区大石窝镇 B 村经济合作社农村土地承包合同案

原告（被上诉人）：北京 A 技术开发有限责任公司（以下简称 A 公司）

被告（上诉人）：北京市房山区大石窝镇 B 村经济合作社（以下简称 B 村经济合作社）

第三人（上诉人）：王某科

【基本案情】

1999 年 8 月 20 日，A 公司与 B 村经济合作社签订《荒山承包（租赁）合同书》，B 村经济合作社为发包方（甲方），A 公司为承包方（乙方）。合同约定：①甲方将集体所有的荒山 528 亩承包给乙方开发经营。荒山名称及四至：后石门村北燕家峪，东至王某强地界西 5 米，王某才地界西 5 米，西至山根，南至山根，北至山根。②经营方式：租赁。③承包期限：从 2000 年 1 月 1 日起至 2069 年 12 月 31 日止。④承包费计算标准：2000 年至 2004 年免交租金，2005 年至 2069 年每年 6000 元，自合同签订之日起，乙方先付 10 年租金 60000 元，从 2015 年起每年在 1 月 31 日前交付当年租金 6000 元至合同期满。⑤违约责任：合同双

① 国家法官学院案例开发研究中心：《中国法院 2017 年度案例　土地纠纷（含土地纠纷）》，中国法制出版社 2017 年版，第 45 页。

方任何一方违反合同规定条款，均视为违约，违约方应向对方支付违约金20000元。如违约金不足以弥补经济损失的，按实际损失赔偿。本合同未尽事宜，双方可经协商签订补充协议，补充协议与本合同具有同等法律效力。

2000年1月19日，A公司与B村经济合作社签订荒山承包合同书补充协议，约定：明确进山路段的公用性，为了保证荒山开发的顺利进行，解除后顾之忧，乙方要求保证进山路线的畅通；甲方承诺：从公路边至租赁地为止的路为公用路段，不属任何人的承包地，路宽不小于5米，不允许任何人侵占、阻断。乙方保留因公用道路被阻而向责任方提出经济赔偿要求的权利。

2013年7月23日，王某科与B村经济合作社签订了荒山租赁合同书，约定B村经济合作社将房山区大石窝镇B村集体所有的燕家峪南坡荒山150亩租赁给王某科开发经营，该承包合同项下的土地西面与A公司承包地界相邻，两者以西沟沟底为东西分界。租赁期自2013年7月23日至2063年7月22日。

2014年，王某科在其承包土地边缘修砌石墙。经法院勘查，在A公司与王某科承包的荒山上，有东西方向进山道路，该道路南侧为王某科承包地，北侧为水沟渠，经过王某科承包地，沿进山道路向里到达A公司承包地。该道路南侧有土坡及岩石，王某科沿土坡外边缘砌有一段石墙，长度约72米，高约66厘米，宽46~50厘米。经测量，在石墙外留进山道路宽度为3.1米，道路另侧为沟渠。

2014年6月10日，A公司向北京市某区农村土地承包合同仲裁委员会申请仲裁，仲裁委员会于2014年10月17日作出房农仲字（2014）××号裁决书，裁决内容：①被申请人B村经济合作社在接到本裁决书之日起30日内，恢复补充协议中双方约定的不小于5米宽的公用路段；②被申请人在接到本裁决书之日起30日内，向申请人A公司支付违约金20000元；③被申请人在接到本裁决书之日起30日内，向申请人发放2013年95亩的退耕还林补偿粮。

2014年10月31日和11月14日，A公司和B村经济合作社因不服裁决先后向法院起诉。联慧公司请求判令：①B村经济合作社支付违约金20000元；②B村经济合作社立即停止对公用道路的侵占，恢复5米路宽，并赔偿A公司因道路被侵占而遭受的损失10000元。

【案件焦点】

第一，A公司与B村经济合作社约定的5米路宽是否有效，是否侵犯承包相邻土地的王某科的利益；第二，王某科在其承包土地边缘加砌的石墙是否应拆除以确保 A 公司的进山通道。

【法院裁判要旨】

北京市某区人民法院经审理认为：本案中 A 公司与 B 村经济合作社签订的荒山承包合同书是双方真实意思表示，双方在合同中约定，未尽事宜可以签订补充协议，补充协议与合同具有同等法律效力。在补充协议中，B 村经济合作社承诺为保证 A 公司进山路线畅通，从公路边至 A 公司租赁地为止的路为公用路段，路宽不小于 5 米，该公用道路不属于 A 公司承包地范围，B 村经济合作社以自己的不动产为 A 公司设定地役权，A 公司有权利用该公用道路提高自己承包地的效益。根据《物权法》关于地役权的规定，土地所有权人负担地役权的，设立土地承包权时，该土地承包经营权人继续负担已设立的地役权。B 村经济合作社为 A 公司设定地役权时，王某科尚未与 B 村经济合作社签订承包合同，2013 年 7 月 13 日，王某科取得相邻土地的承包经营权，A 公司依然享有地役权，B 村经济合作社仍然需要履行补充协议，确保 A 公司行使进山道路的地役权。

王某科认为，如道路拓宽至 5 米则侵犯自己的承包土地地界。关于王某科承包土地地界问题，王某科有权通过与 B 村经济合作社之间的法律关系另行解决，本案中不予处理。B 村经济合作社承诺路宽不小于 5 米，应该履行承诺，提供路宽不小于 5 米的公用道路，其未履行承诺，构成违约，应按合同约定承担违约责任，故对于 A 公司主张 B 村经济合作社给付违约金 20000 元的诉讼请求予以支持。A 公司主张 B 村经济合作社停止侵占公用道路，并赔偿因道路侵占造成的损失 10000 元，因 B 村经济合作社没有直接侵占公用道路的行为，且 A 公司未证明其实际损失超出违约金数额，故对该主张不予支持。

据此，北京市某区人民法院依据《合同法》第六十条、第六十一条、第一百零七条、第一百一十四条第一款，《物权法》第一百五十六条、第一百六十二条，《中华人民共和国农村土地承包经营纠纷调解仲裁法》第四十八条之规定，判决如下：

一、B 村经济合作社于本判决生效后 10 日内给付 A 公司违约金 20000 元。

二、B 村经济合作社于本判决生效后 30 日内恢复进山公用道路 5 米路宽，王某科协助 B 村经济合作社拆除在进山道路上所砌石墙。

三、驳回A公司的其他诉讼请求。

B村经济合作社、王某科对一审判决不服，提出上诉。北京市第二中级人民法院经审理认为：一审法院支持A公司依约要求B村经济合作社停止对公用道路的侵占，恢复5米路宽并无不当。对于违约金的处理，本院对一审法院的处理并无异议。至于王某科认为B村经济合作社与A公司签订的补充协议侵犯其承包权益，其可与B村经济合作社另行解决。综上，一审法院处理结果并无不当，故判决：

驳回上诉，维持原判。

【案例评析】

本案涉及的问题是土地所有权人负担地役权，之后，又将该土地发包给承包人，地役权人的地役权和土地承包人的承包经营权之间的关系问题。

地役权是以他人不动产供自己不动产的便利而使用以提高自己不动产效益的权利。地役权一般涉及两块土地，且两块土地分属于不同的所有权人或者使用权人，其中一块土地向另一块土地提供服务。在本案中，A公司根据其与B村经济合作社签订的补充协议享有对B村经济合作社所有的公共道路的通行权，该权利即为地役权。之后，B村经济合作社又将该土地发包给王某科，那么王某科是否应继续负担地役权？按照《物权法》第一百六十二条关于地役权的规定，土地所有权人负担地役权的，设立土地承包权时，该土地承包经营权人继续负担已设立的地役权；《物权法》第一百六十三条规定，土地上已设立土地承包经营权的，未经用益物权人同意，土地所有权人不得设立地役权。在本案中，B村经济合作社和A公司于1999年8月签订土地承包合同，2000年双方以补充协议的方式由B村经济合作社为A公司设定地役权，2013年，本案第三人王某科与B村经济合作社签订了荒山租赁合同，取得了相邻土地的承包经营权，所以在B村经济合作社和A公司签订地役权合同时，王某科尚未与B村经济合作社签订承包合同，所以，王某科承包B村经济合作社土地时，该地块上已经负担有地役权，而地役权具有物权的效力，根据物权的排他性，该土地上负担的地役权，王某科应继续履行，确保A公司使用进山道路。

第四章　担保物权

第一节　担保物权概述

一、担保物权的概念

担保物权是以确保特定债务的清偿为目的，以支配和取得特定财产的交换价值为内容的定限物权。我国《物权法》设专编规定了担保物权，并在第一百七十条对其意义做了明确的规定："担保物权人在债务人不履行到期债务或者发生当事人约定的实现担保物权的情形，依法享有就担保财产优先受偿的权利，但法律另有规定的除外。"

二、担保物权的属性

（一）价值权性

担保物权的价值权性是指担保物权是以支配和取得担保物的变价价值为内容的权利。担保物权的支配性体现在对标的物的处分及其变价价值的支配方面，而不是体现在对标的物的实体及其使用价值的支配上，最为典型的情形是抵押权人并不占有抵押物，却能在债务人到期不履行债务时处分抵押物并支配所得价款。

（二）从属性

担保物权是为担保债权的实现而设立的，与所担保的债权形成主从关系，被担保的债权是主权利，担保物权是从权利。担保物权的从属性，包括四个方面：①设立上具有从属性，即担保物权不能脱离债权关系而独立存在。②转移上具有从属性，即担保物权原则上随着所担保的债权的转移而转移。③效力上具有从属性，即担保物权的效力取决于所担保的债权，被担保的债权无效的，担保物权原则上也无效。担保物权的效力范围也取决于被担保的债权，担保物权人只能就担保物的变价价值获得与其债权范围相当的清偿。④消灭上具有从属性，即担保物权一般因所担保的债权的消灭而消灭。但是在债权人与债务人混同等特殊条件下，法律承认抵押权得为所有权人的利益而存在，不随债权的消灭而消灭。

（三）不可分性

担保物权人在其全部债权受偿之前，须就担保物之全部行使其权利，担保物的价值变化及债权的变化不影响担保物权的整体性。

（四）特定性与公示性

担保物权的特定性是指担保物及其所担保的债权必须是特定的。担保物无论是动产、不动产或财产权利，在担保物权成立时都必须是明确而特定的，应能与担保人的其他财产区别开来。担保物的特定性原则上要求在担保物权设立时即已特定。

担保物权的公示性是指担保物权的成立须以适当的方式公示出来，为社会公众所知晓；否则，不能成立或不能对抗善意第三人。

（五）追及性与物上代位性

追及性是指当债务人不履行债务或担保物被他人非法占有时，担保物权人须追及物之所在，以保全并实现其权利。

物上代位性是指当担保物因灭失、毁损或者被征收而获有保险金、赔偿金或补偿金时，担保物权的效力及于该担保物的代替物，担保物权人得就该代替物行使其权利。《物权法》第一百七十四条规定："担保期间，担保财产毁损、灭失或者被征收等，担保物权人可以就获得的保险金、赔偿金或者补偿金等优先受偿。被担保债权的履行期未届满的，也可以提存该保险金、赔偿金或者补偿金等。"

（六）优先受偿性

担保物权的优先受偿性是指当债务人不履行债务或破产时，担保物权人就担保物的价值优先于其他债权人受清偿。

第二节　抵押权

一、抵押权的概念和特点

（一）抵押权的概念

抵押权是指债权人对于债务人或第三人不移转占有而提供担保的财产，在债务人到期不履行债务或当事人约定的情形发生时，依法享有的就其变价价款优先受偿的权利。《物权法》第一百七十九条对抵押权进行了规定："为担保债务的履行，债务人或者第三人不转移财产的占有，将该财产抵押给债权人的，债务人不履行到期债务或者发生当事人约定的实现抵押权的情形，债权人有权就该财产优先受偿。前款规定的债务人或者第三人为抵押人，债权人为抵押权人，提供担保的财产为抵押财产。"

（二）抵押权的特点

1. 抵押权为担保物权的一种

设立抵押权的目的是实现所担保的债权，所以抵押权属于担保物权。

2. 抵押权是在债务人或第三人提供的财产上设立的物权

抵押人既可以是债务人，也可以是债务人以外的第三人，作为抵押的财产既可以是由债务人或第三人提供的不动产、动产，也可以是权利。

3. 抵押权无须转移标的物的占有

抵押权的设立和存续不以抵押物的转移占有为前提，这是抵押权与其他担保物权如质权、留置权的重要区别。抵押权以取得标的物的交换价值而实现债权为目的，其本质上为价值权，它的实现不须占有标的物，这是它与用益物权的重要区别。如果当事人设定了需要移转标的物占有的抵押合同，这是违反法律规定的。

4. 抵押权具有优先受偿性

这是抵押权作为担保物权所应具有的共同效力。

二、抵押权的取得

抵押权既可以依法律行为取得，也可以依法律直接规定或继承取得。

（一）依法律行为取得抵押权

依法律行为取得抵押权，包括抵押权的设定和抵押权的转让两种情况。

1. 抵押权的设定

抵押权的设定又称为意定抵押权，该种抵押权的设定，要求必须采用书面形式，以合同居多，一般情况下，还须办理抵押登记，才能产生物权效力或对抗效力。抵押权的设定包含如下几个问题：

（1）抵押权的设定人。抵押权的设定人为抵押权人和抵押人，抵押权人为抵押权的取得人，也就是被担保债权的债权人。抵押人则是提供抵押物从而设定抵押权的人，如果抵押物是债务人自己提供的，则抵押人为被担保债权的债务人；如果抵押物是第三人提供的，则该第三人为抵押人。抵押人可以是自然人、法人、其他组织，但自然人作为抵押人，必须具有完全民事行为能力，而如果抵押权人是自然人，由于无民事行为能力人和限制民事行为能力人可以进行纯获利益的行为，所以无完全民事行为能力的限制。

（2）抵押权的标的物。抵押权的标的物是指抵押人用以设立抵押权的财产。抵押人应对该财产有处分权；否则，其所设立的抵押权会因无权处分而无效。

对于抵押权的标的物，我国《物权法》第一百八条、第一百八十二条、第一百八十三条从正面规定了可以设定抵押的财产。《物权法》第一百八十四条从反面规定了不得设定抵押的财产。具体参见《物权法》的规定，在此不一一赘述。

（3）抵押合同。设立抵押权，当事人应当以书面形式订立抵押合同。抵押合同是抵押权人和抵押人之间明确相互之间权利义务关系的协议。我国《物权法》第一百八十五条第二款规定：“抵押合同一般包括下列条款：（一）被担保债权的种类和数额；（二）债务人履行债务的期限；（三）抵押财产的名称、数量、质量、状况、所在地、所有权归属或者使用权归属；（四）担保的范围。”抵押合同有漏项，能够补正的，不影响抵押合同的效力。不能补正或无法推定的，抵押不成立。

（4）抵押登记。抵押登记又称抵押权登记，是指登记机构根据当事人的申请，依法在登记簿上就抵押物上的抵押权状态予以登录记载的行为。这是抵押权设立的公示要求。抵押登记的性质是权利登记。

办理抵押登记的部门因抵押财产的不同而不同。抵押登记的效力，因财产不同而有区别。以《物权法》第一百八十条第一款第一项至第三项规定财产或第五项规定的以正在建造的建筑物抵押的，应当办理抵押登记，抵押权自登记时设立，这是抵押权经登记生效的情况。以《物权法》第一百八十条第一款第四项、第六项规定的财产或者第五项规定的以正在建造的船舶、航空器抵押的，抵押权自抵押合同生效时设立；未经登记，不得对抗善意第三人，这是抵押权经登记产生对抗效力的情况。

2. 抵押权的转让

抵押权具有物权性和财产权性，所以抵押权是可以转让的。但抵押权同时又具有从属性，所以抵押权不能单独转让，只能和其所担保的主债权一同转让。对此《物权法》第一百九十二条规定：“抵押权不得与债权分离而单独转让或者作为其他债权的担保。债权转让的，担保该债权的抵押权一并转让，但法律另有规定或当事人另有约定的除外。”

（二）依法律直接规定取得抵押权

《物权法》第二十九条规定：“因继承或者受遗赠取得物权的，自继承或者受遗赠开始时发生效力。”根据该条文，继承和受遗赠可以取得抵押权，但根据《物权法》第三十一条的规定，因继承和受遗赠取得的抵押权，处分该物权时，依照法律规定需要办理登记的，未经登记，不发生物权效力。

《物权法》第一百八十二条规定：“以建筑物抵押的，该建筑物占用范围内的建设用地使用权一并抵押。以建设用地使用权抵押的，该土地上的建筑物一并抵押。抵押人未依照前款规定一并抵押的，未抵押的财产视为一并抵押。”《物权法》第一百八十三条规定：“乡镇、村企业的建设用地使用权不得单独抵押。以乡镇、村企业的厂房等建筑物抵押的，其占用范围内的建设用地使用权一并抵押。”这两条第二款的规定一般认为是依法律直接规定取得抵押权的情况。

三、抵押权的效力

（一）抵押权及于标的物的范围

抵押权的效力所及的标的物，首先是当事人设立抵押的财产，其次还包括抵押财产的从物，从权利、孳息、代位物和附合物。

1. 抵押财产的从物

从物是指非主物的组成部分但附着于主物，并对主物发挥辅助效用的物。依照从物随主物处分的原则，抵押权的效力一般应当及于抵押财产的从物。但这一规定并非强制性规定，如果当事人约定抵押权的效力不能及于从物的，应遵从其约定。此外，按照《担保法解释》第六十二条的规定，在抵押权设立之前，第三人已就从物取得物权或具有物权效力的权利时，第三人就从物取得的权利不受抵押权的影响。

2. 抵押财产的从权利

从权利是指有助于主权利的效力而存在的权利，从权利之于主权利，其关系如同主物和从物的关系。

3. 抵押财产的孳息

抵押权不移转标的物的占有，因此抵押权设定后，抵押人仍就抵押物享有使用、收益权，所以抵押人仍有权收取抵押物的孳息。只有在债务人不履行到期债务，抵押财产被人民法院依法扣押后，抵押权的效力才及于抵押财产的孳息。对此《物权法》第一百九十七条、《担保法解释》第四十六条规定，债务人不履行到期债务或者发生当事人约定的实现抵押权的情形，致使抵押财产被人民法院依法扣押的，自抵押之日起抵押权人有权收取该抵押财产的天然孳息或者法定孳息，但抵押权人未通知应当清偿法定孳息的义务人的除外（如房屋的承租人）。作为一般规则，所收取的孳息，应当先冲抵收取孳息的费用，其次冲抵主债权的利息，最后才是清偿主债权。

4. 抵押财产的代位物

因抵押物灭失、毁损而获得赔偿金、补偿金或保险金等的，该赔偿金、补偿金或保险金等成为抵押权的标的物的代位物，抵押权人可以就该赔偿金、补偿金或保险金等行使权利。《物权法》第一百七十四条、第一百九十一条，《担保法解释》第八十条对此做出了规定。

5. 抵押物的附合物

根据《担保法解释》第六十二条“抵押物因附合、混合或者加工使抵押物的所有权为第三人所有的，抵押权的效力及于补偿金；抵押物所有人为附合物、混合物或者加工物的所有人的，抵押权的效力及于附合物、混合物或者加工物；第三人与抵押物所有人为附合物、混合物或者加工物的共有人的，抵押权的效力及于抵押人对共有物享有的份额”的规定，抵押权的效力应及于附合物。

（二）抵押权所担保债权的范围

抵押权所担保债权的范围即抵押权对所担保的债权的效力，是指抵押权人实现抵押权时，能够优先受清偿的债权的范围。按照《物权法》第一百九十三条和《担保法》第四十六条的规定，抵押权担保的范围包括主债权及利息、违约金、损害赔偿金和实现抵押权的费用。

（三）抵押权的次序

1. 抵押权次序的意义

抵押权的次序又称抵押权的顺序、次序或顺位，是指在同一抵押物上同时存在数个抵押权时，各抵押权人就抵押物变价优先受偿的先后顺序。从法律的角度确认抵押权的次序，有助于解决抵押权并存时实现的效力问题。

2. 确定抵押权次序的规则

《物权法》第一百九十九条规定：“同一财产向两个以上债权人抵押的，拍卖、变卖抵押财产所得的价款依照下列规定清偿：①抵押权已登记的，按照登记的先后顺序清偿；顺序相同的，按照债权比例清偿；②抵押权已登记的先于未登记的受偿；③抵押权未登记的，按照债权比例清偿。”

在抵押权的次序依法确定后，还可能发生先次序的抵押权因实行以外的原因消灭时，后次序的抵押权次序上升的问题。《担保法解释》第七十七条规定：“同一财产向两个以上债权人抵押的，顺序在先的抵押权与该财产的所有权归属于一人时，该财产的所有权人可以以其抵押权对抗顺序在后的抵押权。”因此，在财产的所有权和抵押权混同时，先顺序的抵押权不因混同而当然消灭，而是可以发生所有权人的抵押权，该抵押权可以对抗后顺序的抵押权人要求优先受偿。

（四）抵押权人的权利

1. 优先受偿权

抵押权人的优先受偿权，是指在抵押权实现时抵押权人享有的以抵押物的变价优先受偿的权利。

2. 抵押权的处分权

抵押权人有权将其抵押权转让或另行供作担保，但在转让时要受抵押权从属性的限制。《物权法》第一百九十二条规定："抵押权不得与债权分离而单独转让或者作为其他债权的担保。债权转让的，担保该债权的抵押权一并转让，但法律另有规定或者当事人另有约定的除外。"抵押权人还有权抛弃抵押权，放弃优先受偿的权利。

3. 抵押权的次序权

当同一抵押物上存在数个抵押权时，按抵押权设立的次序受偿，先次序的抵押权人有较后次序的抵押权人优先受偿的权利。

4. 抵押权的保全权

按照《物权法》第一百九十三条的规定，当抵押人的行为足以使抵押财产价值减少的，抵押权人有权要求抵押人停止其行为。抵押财产价值减少的，抵押权人有权要求恢复抵押财产的价值，或者提供与减少的价值相应的担保。抵押人不恢复抵押财产的价值也不提供担保的，抵押权人有权要求债务人提前清偿债务。该条文就是对抵押权人保全权的规定。根据该条内容，抵押权人的保全权包括以下几项内容：①抵押物价值减少防止权或称停止侵害请求权；②恢复原状请求权及增加担保请求权；③提前偿债请求权及期前行使抵押权的权利；④损害赔偿请求权。

（五）抵押人的权利

抵押权设立后，抵押人就抵押财产仍享有占有、使用、收益和处分权，只是这些权利要受到一定的限制。

1. 抵押财产的占有、使用、收益权

由于设定抵押权不移转占有，因此抵押权设定后，抵押人有权继续占有、使用、收益抵押物，但是，由于抵押物已经设定负担，因此，抵押人在占有、使用、收益抵押物时要小心谨慎，妥善保管抵押物，否则，一旦抵押物毁损、灭失，抵押权人可以要求抵押人提前清偿债务或者另行提供担保。

2. 抵押财产的处分权

抵押人对于抵押财产的处分包括法律上的处分和事实上的处分。抵押物所有人在该项财产上设定抵押后，由于其未丧失所有权或使用权，故仍可以将该项财产的所有权转让给他人，即对抵押物进行法律上的处分，原抵押权不因此受影响。但该项权利要受到一定的限制，根据《物权法》第一百九十一条的规定，在抵押期间，抵押人转让抵押物的，须经过抵押权人的同意，否则不得转让，但受让人代为清偿债务消灭抵押权的除外。

抵押人对于抵押物的事实上的处分一般不允许，因为事实上的处分可能会导致抵押物价值贬损甚至灭失，从而影响抵押权人优先受偿权的实现。

3. 用益物权及租赁权的设立权

《物权法》第一百九十条规定："订立抵押合同前抵押财产已出租的，原租赁关系不受该抵押权的影响。抵押权设立后抵押财产出租的，该租赁关系不得对抗已登记的抵押权。"据此，抵押人就抵押财产设立抵押权后，原则上仍须就同一财产再设立用益物权或租赁权。

4. 担保物权的再设立权

《物权法》第一百九十九条规定："同一财产向两个以上债权人抵押的，拍卖、变卖抵押财产所得的价款依照下列规定清偿：①抵押权已登记的，按照登记的先后顺序清偿；顺序相同的，按照债权比例清偿；②抵押权已登记的先于未登记的受偿；③抵押权未登记的，按照债权比例清偿。"根据该条的规定，抵押人可以就同一财产设立数个抵押权，但在抵押权实现时，应按法律规定确立数个抵押权的受偿顺序。

5. 物上保证人的反担保请求权、追偿权与代位权

第三人为债务人向债权人提供抵押担保的，可以要求债务人提供反担保。为债务人提供抵押担保的第三人在抵押权人就抵押物实现抵押权后，有权向债务人追偿；在另有其他应分担担保责任的人的情况下，承担了担保责任的抵押人还可以代债权人之位而要求其分担责任。

四、抵押权的实行和消灭

（一）抵押权的实行

1. 抵押权实行的概念与条件

抵押权的实行是指债务人不履行到期债务或者发生了当事人约定的实现抵押权的情形，抵押权人行使其抵押权，将抵押物变卖、拍卖或者以折价方式优先受偿的过程。

根据《担保法解释》第七十八条，《物权法》第一百九十五条、第一百九十八条的规定，抵押权的实现必须满足以下条件：第一，抵押权有效存在；第二，主债务履行期届满；第三，债权未受清偿。

2. 抵押权实现的方式

根据《物权法》的规定和在实践中的做法，抵押权实现的方式主要有折价、拍卖、变卖以及法律规定的其他方式。

（二）抵押权的消灭

抵押权的消灭是抵押权对于抵押物所具有的支配力的消灭。抵押权作为一种物权，除了因物权的一般消灭原因消灭，还可以因以下原因而消灭：①主债权消灭；②抵押权实现；③抵押财产灭失；④抵押权行使期间届满；⑤债权人擅自许可债务人移转债务；⑥抵押权人放弃抵押权。

五、特殊抵押权

（一）共同抵押

1. 共同抵押概述

共同抵押又称总括抵押、聚合抵押、连带抵押，是指为实现担保同一债权，于数个不同财产上设立抵押权的情形。

共同抵押与一般抵押的区别在于抵押标的物是数个。

共同抵押的构成须具备两个要件：其一，抵押标的物为数个而非一个；其二，数个抵押物所担保的为同一项债权，因而共同抵押中的债权人及抵押权人须是同一个人。抵押人是否为一人在所不问。

2. 共同抵押的效力

如当事人就数个抵押财产负担的金额进行了约定的，成立按份共同抵押，各自承担其担保责任。如当事人未限定各个抵押财产负担的金额，成立连带共同抵押，抵押权人有权就各个抵押财产卖得价金，受偿债权的全部或一部分。

（二）最高额抵押

1. 最高额抵押的概念和特点

最高额抵押是指在预定的最高限额内，为担保将来一定期间内连续发生的债权的清偿而设立的抵押，又称最高限额抵押。最高额抵押主要适用于连续交易行为、劳务提供关系及连续借款关系场合。《物权法》第二百零三条第一款规定："为担保债务的履行，债务人或者第三人对一定期间内将要连续发生的债权提供担保财产的，债务人不履行到期债务或者发生当事人约定的实现抵押权的情形，抵押权人有权在最高债权额限度内就该担保财产优先受偿。"最高额抵押制度的确立，是为了解决长期业务往来的商事主体之间的连续性交易关系的需要而产生的，它能够为连续不断发生的交易设定担保，使当事人不必为每一债权分别设立抵押，简化了抵押权的设定，节约了交易成本，符合追求交易便捷与安全的市场经济宗旨。

最高额抵押作为一种特殊的抵押权，它与一般抵押权相比，具有以下特点：

（1）最高额抵押是为担保将来不特定债权的清偿而设立的抵押。比如，张某以一处房产为抵押物，与债权人李某签订了一份担保将来可能发生的 100 万元债权的最高额抵押合同。

（2）最高额抵押是对一定期限内连续发生的债权的担保，目的在于避免连续交易中每笔债权均单独设立抵押所带来的烦琐。比如，从 2018 年 1 月 1 日至 2018 年 12 月 31 日发生的债权，抵押人对这一期间发生的债权作担保。所谓连续发生的债权，是指实际发生的债权次数是不确定的，并且是接连发生的，比如，在（1）中张某在 1 月向李某借款 20 万元，3 月又借款 30 万元，5 月又借款 40 万元，6 月还了 60 万元，8 月又借了 40 万元，以此类推，张某在这一年之内借了还，还了借，只要借款余额不超过 100 万元，张某抵押的房产对这一年之内发生的不超过 100 万元的借款的偿还作担保。可见，最高额抵押以一次订立的抵押合同，进行一次抵押物登记就可以对一个时期内多次发生的债权作担保，既省时、省力、省钱，又可以加速资金流通，有利于促进经济发展。

（3）设立最高额抵押时，其所担保的债权的具体数额具有不确定性。最高额抵押所担保的债权数额是不确定的，其是否发生不确定，数额也不确定。

（4）最高额抵押对所担保的债权预定有最高限额，并附有实际发生的债权数额的决算期。决算期指确定最高额抵押所担保的债权实际数额的时间。从性质上来说，它是期日而非期间。由于最高额抵押合同中约定的只是最高限额而非实际担保额，因此必须要在特定时间将不特定的实际发生的债权额特定化，然后将实际发生的债权额与最高限额相比较，从而决定抵押人实际承担的担保责任的具体数额。这个特定时间就是决算期。也就是说，只有等到决算期，最高额抵押所担保的债权数额才能确定，抵押权才有可能实现。

2. 最高额抵押的设立

最高额抵押合同在当事人订立合同并办理登记后成立并生效。最高额抵押合同必须包含下列内容才能生效：第一，抵押权所担保的债权范围和最高限额。未确定此种事项的，不能成立最高额抵押权。第二，在合同中明确确定计算抵押权所担保的债权实际数额的日期，即决算期。

3. 最高额抵押的效力

（1）最高额抵押所担保的债权，是在合同确定的最高限额范围内，决定其实际额。中间借了还，还了借，即使出现债务全部偿还的情况，最高额抵押也不消灭。

（2）最高额抵押担保的债权确定前，部分债权转让的，最高额抵押权不得转让，但当事人另有约定的除外。在最高额抵押权确定后，其可以按照一般抵押权的转让方式转让。

（3）最高额抵押担保的债权确定前，抵押权人与抵押人可以通过协议变更决算期、债权范围以及最高债权额，但变更的内容不得侵害其他抵押权人的利益。

（4）最高额抵押权所担保的债权在当事人约定或法律规定的决算期届至时确定。

（5）最高额抵押权的担保范围要由当事人在抵押合同中约定，未明确约定担保的债权范围的，一般应包括原本、利息以及违约金、损害赔偿金等，但不包括实现抵押权的费用。

（三）浮动抵押与财团抵押

1. 浮动抵押与财团抵押的概念

浮动抵押是指以企业并不固定的全部财产或部分财产为债权提供担保，抵押期间抵押人有权处分抵押物。财团抵押是以企业固定的全部或部分财产所构成的财团为抵押权标的物而设立的抵押。

2. 浮动抵押与财团抵押的特点

（1）浮动抵押的特点：

其一，列入抵押标的的财产一般为企业的全部财产，包括固定资产与流动资产、现有财产与将来取得的财产。

其二，设立抵押后，作为抵押人的企业，仍有利用企业的整体财产继续进行生产经营活动的权利。

其三，浮动抵押是支配继续流动中的企业财产的全部的担保制度，即从抵押权设立当时直至抵押权实行前，供作担保的标的物的集合财产浮动不定，在担保债权实行时，始获确定。

（2）财团抵押主要有三项特点：

其一，列入抵押财团范围的财产限于企业现有的财产，随企业经营而变化的流动资产，不属抵押财团之范围。

其二，财团抵押的设立，须将作为抵押标的之财团做成目录，使抵押财产的范围特定化。

其三，财团抵押一经成立，企业对其财产的处分即受严格限制。

两者相比较，浮动抵押更有利于企业的自由经营和发展，财团抵押更有利于保护抵押权人的利益。

3. 我国的浮动抵押制度

我国《物权法》中直接规定浮动抵押制度的条文有：

第一百八十一条　经当事人书面协议，企业、个体工商户、农业生产经营者可以将现有的以及将有的生产设备、原材料、半成品、产品抵押，债务人不履行到期债务或者发生当事人约定的实现抵押权的情形，债权人有权就实现抵押权时的动产优先受偿。

第一百八十九条　企业、个体工商户、农业生产经营者以本法第一百八十一条规定的动产抵押的，应当向抵押人住所地的工商行政管理部门办理登记。抵押权自抵押合同生效时设立；未经登记，不得对抗善意第三人。

第一百九十六条　依照本法第一百八十一条规定设定抵押的，抵押财产自下列情形之一发生时确定：①债务履行期届满，债权未实现；②抵押人被宣告破产或者被撤销；③当事人约定的实现抵押权的情形；④严重影响债权实现的其他情形。

根据以上条文可知我国的浮动抵押制度具有下列特点：

（1）主体未作限制，根据《物权法》第一百八十一条的规定，企业、个体工商户、农业生产经营者都可以采用浮动抵押这种担保方式，这使我国的浮动抵押制度的设立主体扩大了，农业生产经营者可以以将来农作物的收益设立浮动抵押，有利于农民进行贷款，满足农民的资金需求。

（2）浮动抵押的客体只能是动产，而把不动产、知识产权、债券等排除于浮动抵押标的物范围之外，使浮动抵押的财产范围大大缩小。

（3）按我国《物权法》的规定设立浮动抵押须签订浮动抵押合同。

（4）《物权法》对于浮动抵押的设立实行登记对抗主义——“企业、个体工商户、农业生产经营者以本法第一百八十一条规定的动产抵押的，抵押权自抵押合同生效时设立；当事人可选择是否登记，未经登记，不得对抗善意第三人”。

（5）法律明确了浮动抵押的具体情形。

案例 25

房产租赁订约在先未实际交付占有能否对抗抵押权[①]
——中国工商银行股份有限公司衢州分行诉王某芬等抵押权

原告（被上诉人）： 中国工商银行股份有限公司衢州分行（以下简称工行衢州分行）

被告（上诉人）： 衢州市衢江区A食品厂（以下简称A食品厂）

被告： 王某芬、衢州市B车业有限公司（以下简称B公司）

【基本案情】

王某芬因开办A食品厂需向衢江区工业投资决策咨询服务协调小组进行立项审批，故王某芬于2012年11月29日与B公司签订了《厂房出租协议》，协议约定B有限公司将位于天湖南路28号的厂房租赁给王某芬，自2012年12月1日起租赁三年，租金每年150000元，如一方推翻协议则赔偿经济损失费违约金

① 国家法官学院案例开发研究中心：《中国法院2017年度案例　物权纠纷》，中国法制出版社2017年版，第265页。

20000元。同日，王某芬支付给B公司20000元。2012年12月19日，A食品厂取得营业执照，A食品厂系个人独资企业，投资人为王某芬。2012年12月28日，B公司向王某芬借款100000元，当时双方口头约定如王某芬的项目立项成功，确定将正式租赁B公司厂房，该100000元借款就抵作厂房租金。2013年1月16日，工行衢州分行与B公司签订了《最高额抵押合同》，B公司以其衢江区天湖南路××号的房地产及地上附属物提供抵押担保，抵押登记手续已于2013年1月6日办理，因此时王某芬并未实际使用B公司的厂房，故工行衢州分行对于王某芬与B公司曾在2012年11月29日签订《厂房出租协议》并不知情，随后，工行衢州分行向B公司发放贷款共计7200000元。2013年5月1日，A食品厂开始使用B公司的厂房，同年8月8日，A食品厂与B公司补签《厂房出租协议》，协议约定租期自2013年5月1日起共十年，租金第一年150000元，第二年起每年递增6%，并一致确认2012年11月29日签订的《厂房出租协议》作废，王某芬原已支付的20000元以及借给B公司的100000元抵作租金，租金自2013年5月1日起计付。2013年6月25日，B公司向姜某新借款500000元，王某芬予以担保，并约定如B公司无法偿还借款，承诺担保人抵扣房租费四年，后因B公司老板失联，王某芬于2013年12月3日、2014年4月24日分两次将500000元本金归还了姜某新。2013年10月10日，因B公司贷款逾期，工行衢州分行向法院申请就抵押物实现担保物权，2013年10月14日，法院作出（2013）衢商特字第××号民事裁定书，裁定对B公司用于抵押的位于衢江区经济开发区天湖南路××号的担保财产准予采取拍卖、变卖方式依法变价，工行衢州分行对变价后所得款项在贷款本金7200000元及合同约定的利息范围内优先受偿。随后，工行衢州区分行申请强制执行，因王某芬、A食品厂提出其租赁在先而拒绝搬迁，又未提案外人执行异议，导致执行受阻。

【案件焦点】

王某芬与B公司于2012年11月29日签订的《厂房出租协议》是否可以对抗工行衢州分行就涉案厂房所享有的抵押权。

【法院裁判要旨】

浙江省衢州市某区人民法院审理认为，王某芬与B公司在2012年11月29

日签订《厂房出租协议》的目的是其设立A食品厂进行立项审批所用，而且实际并未履行。2013年8月8日，已经成立的A食品厂与B公司签订《厂房出租协议》，将租赁时间确定为2013年5月1日起，该协议所约定的“2012年11月29日协议作废”，应当视为双方合意解除了2012年11月29日的协议。工行衢州分行与B公司签订的《最高额抵押合同》是2013年1月16日签订的，并且抵押登记手续在同年1月6日就已经办妥。因此，本案工行衢州分行就B公司的财产抵押权设立在先，A食品厂与B公司的租赁关系在后，该租赁关系不得对抗已登记的抵押权，工行衢州分行为实现抵押权，有权要求解除租赁关系。现工行衢州分行请求解除A食品厂与B公司2013年8月8日签订的《厂房出租协议》，同时要求A食品厂搬离租赁厂区，排除对工行衢州分行实现抵押权的妨碍，符合法律规定，法院予以支持。

浙江省衢州市某区人民法院依照《物权法》第一百九十条，《合同法》第九十四条第（五）项的规定，作出如下判决：

一、自判决生效之日起解除A食品厂与B公司于2013年8月8日签订的《厂房出租协议》，A食品厂应当在判决生效之日起两个月内腾退房屋；

二、驳回工行衢州分行的其他诉讼请求。

王某芬持原审起诉意见提起上诉。浙江省衢州市中级人民法院经审理认为，B公司向工行衢州分行借款并以案涉厂房抵押，双方订立《最高额抵押合同》，并于2013年1月6日完成抵押登记，工行衢州分行就涉案厂房的抵押权设立合法有效。A食品厂上诉认为王某芬与B公司于2012年11月29日即签订《厂房出租协议》且已实际履行，租赁关系成立在先。租赁合同权利义务的主要内容即在于对出租物的占有使用，考察合同是否实际履行应从合同订立的目的背景以及是否围绕主合同义务履行进行考虑，综合本案案情及王某芬在一审庭审及调查笔录中的陈述，2012年11月29日签订《厂房出租协议》目的是设立A食品厂进行立项审批所用，并未实际履行，且2013年8月8日A食品厂与B公司签订的《厂房出租协议》确定租赁时间自2013年5月1日起，并约定“2012年11月29日签订的《厂房出租协议》作废”，该约定应当视为双方合意解除2012年11月29日签订的《厂房出租协议》。因此，工行衢州分行就涉案厂房的抵押权设立在先，抵押权设立后抵押财产出租的，该租赁关系不得对抗已登记的抵押权，A食品厂主张其与B公司的租赁关系不受抵押权影响的上诉意见不能成立。关于工行衢州分行变更诉讼请求是否程序违法的问题。依据《最高人民法院关于适用中华人民共和国民事诉讼法若干问题的意见》第一百五十六条之规定，工行衢州分行在法庭辩论终结前增加、变更诉讼请求的，符合上述规定。综上，A 食品厂的上诉理由不能成立。

浙江省衢州市中级人民法院依据《民事诉讼法》第一百七十条第一款第（一）项之规定，作出如下判决：

驳回上诉，维持原判。

【案例评析】

本案争议的焦点主要是王某芬与 B 公司于 2012 年 11 月 29 日签订的《厂房出租协议》是否可以对抗工行衢州分行就涉案厂方所享有的抵押权。

关于抵押权和抵押财产出租的关系规定在我国《物权法》第一百九十条："订立抵押合同前抵押财产已出租的，原租赁关系不受该抵押权的影响。抵押权设立后抵押财产出租的，该租赁关系不得对抗已登记的抵押权。"按照该法条的内容，如果抵押财产在抵押合同设立前出租的，该租赁关系可以对抗已登记的抵押权；如果抵押财产在抵押合同设立后出租的，该租赁关系不得对抗已登记的抵押权。

在本案中，王某芬与 B 公司于 2012 年 11 月 29 日签订的《厂房出租协议》，协议签订后，王某芬并未实际占有租赁物也就是涉案的抵押财产。2013 年 1 月 16 日工行衢州分行与 B 公司签订《最高额抵押合同》，并且抵押登记手续在同年 1 月 6 日办理。这里一个关键的问题就是租赁关系的公示要件，从我国的相关法律规定来看，我国现行法律对于租赁关系如何公示并未作出明确规定。借鉴我国台湾地区"民法"和《德国民法典》的相关规定可知，租赁关系的公示要件应为占有，只有租赁物实际交付给承租人占有，才能对抗第三人。本案中，王某芬没有实际占有厂房，如果允许其以租赁关系对抗抵押权关系，势必会造成对抵押权人利益的侵犯。综上分析可知，王某芬与 B 公司 2012 年 11 月 29 日签订的《厂房出租协议》不具有对抗工行衢州分行与 B 公司的抵押合同的效力。

第三节　质权

一、质权概述

（一）质权的概念和特点

质权是指债务人或第三人为了担保债务的履行，将出质的财产或权利凭证交由债权人占有，在债务人不履行到期债务或发生约定的情形时，债权人有以该动产或权利之变价优先受偿的权利。《物权法》第二百零八条规定："为担保债务的履行，债务人或者第三人将其动产出质给债权人占有的，债务人不履行到期债务或者发生当事人约定的实现质权的情形，债权人有权就该动产优先受偿。前款规定的债务人或者第三人为出质人，债权人为质权人，交付的动产为质押财产。"

（二）质权的特点

质权作为担保物权的一种，具有一切担保物权的共性，但又有其自身的特点。

1. 质权以质物的转移占有为公示的方法

这是质权与抵押权的重要区别。质物是动产的，须转移质物的占有，质权才能成立；质物是权利的，须将权利凭证转移给质权人占有或办理登记。

2. 质权的标的为动产或财产权利，但不包括不动产

根据我国《物权法》的规定，质权分为动产质权和权利质权两种，这说明我国法律规定的质权的标的为动产或财产权利，不动产不能设定质权。

3. 质权是占有性担保物权

质权人因其对质物或权利凭证的占有，使出质人产生心理压力，以促使其如期偿债。

4. 质权的实现具有便利性

质权人因其事先占有了质物，在债务人届期或约定事由发生而未清偿债务时，可不必经过司法程序而直接参照市场价格将质物变现或以其他方式处分质物

并就其变价价值优先受偿。

二、动产质权

（一）动产质权的概念

动产质权是指为了担保债权的履行，由债权人占有由债务人或第三人移交的动产，在债务届期不履行或发生当事人约定的情形时得就其卖得的价金优先受偿的权利。《物权法》第二百零八条规定："为担保债务的履行，债务人或者第三人将其动产出质给债权人占有的，债务人不履行到期债务或者发生当事人约定的实现质权的情形，债权人有权就该动产优先受偿。前款规定的债务人或者第三人为出质人，债权人为质权人，交付的动产为质押财产。"

（二）动产质权的取得

1. 基于民事法律行为取得

根据《物权法》第二百一十条第一款的规定，设立质权，当事人应当以书面形式订立质权合同。这说明，质权可以依合同取得。《物权法》第二百一十条第二款规定："质权合同应当包括下列条款：（一）被担保债权的种类和数额；（二）债务人履行债务的期限；（三）质押财产的名称、数量、质量、状况；（四）担保的范围；（五）质押财产交付的时间。"质权合同缺项的，可以事后补正。《物权法》第二百一十二条规定："质权自出质人交付质押财产时设立。"按照《物权法》关于动产转移的方式的规定，这里的交付一般应指现实交付，但根据推定，简易交付与指示交付也可以产生交付的效果，但不得以占有改定方式设立质权，因其没有实现实际的占有。

2. 基于民事法律行为以外的事实取得

根据《物权法》的相关规定，动产所有权可以通过善意取得方式取得。动产质权是财产权的一种，也可以由继承人继承取得。

（三）动产质权所担保的债权范围和标的物的范围

1. 动产质权所担保的债权范围

根据《物权法》和《担保法》的规定，质权所担保的范围包括主债权及利息、违约金、损害赔偿金、质物保管费用和实现质权的费用。

2. 动产质权及于标的物的范围

在正常情况下，动产质权及于标的物本身，约定不明或者约定的出质财产与实际移交的财产不一致的，应以实际交付占有的财产为准。

（四）动产质权对质权人的效力

1. 占有和留置质物的权利

动产质权以转移标的物的占有为成立要件，所以质权人当然取得对质物的占有权。质权人在债务人未清偿债务之前，对质物享有留置的权利，只要其债权未获清偿，质权人就可以留置质物，直至债权得到全部清偿。

2. 质物孳息的收取权

质权人基于质权的设立，有权收取其占有的质物所产生的孳息。按照《物权法》第二百一十三条的规定，除当事人另有约定的，质权人所收取的孳息，应当先充抵收取孳息的费用，再充抵原债权的利息，最后充抵原债权。

3. 质物的转质权

质权人为担保自己与他人的债务或为他人债务提供担保，以质物设定新的质权，就是转质。《物权法》第二百一十七条规定："质权人在质权存续期间，未经出质人同意转质，造成质押财产毁损、灭失的，应当向出质人承担赔偿责任。"这说明我国《物权法》认可转质的效力，只是对其作了较为严格的规定。

4. 质权的实行权与优先受偿权

《物权法》第二百一十九条规定了质权的实行方式和质权人对质物享有优先受偿权。该条规定："债务人履行债务或者出质人提前清偿所担保的债权的，质权人应当返还质押财产。债务人不履行到期债务或者发生当事人约定的实现质权的情形，质权人可以与出质人协议以质押财产折价，也可以就拍卖、变卖质押财产所得的价款优先受偿。质押财产折价或者变卖的，应当参照市场价格。"

5. 妥善保管质物的义务

质权人在占有质物期间，负有妥善保管质物的义务。如果因质权人的过错导致质物毁损、灭失的，出质人有权要求质权人承担损害赔偿责任。

6. 返还质物的义务

债务人在债务履行期届满时履行了债务，或者出质人提前清偿了所担保的债权，或者债务人或出质人提供了其他担保的，质权即归于消灭，质权人应将质物返还。

（五）动产质权对出质人的效力

1. 质物孳息的收取权

《物权法》第二百一十三条规定："质权人有权收取质押财产的孳息，但合同另有约定的除外。前款规定的孳息应当先充抵收取孳息的费用。"在合同有约定的情况下，质物虽然被质权人占有，但出质人仍可保留对于质物所生孳息的收取权利。

2. 质物的处分权

出质人虽然丧失了对质物的占有，但并未丧失质物的所有权，所以出质人仍然可以处分质物，如将质物出卖、赠与等，但由于质物已被质权人占有，所以这种处分只是形式上的处分权，无事实意义。

3. 物上保证人的反担保请求权、追偿权

若出质人与主债务人并非同一人，出质人在为主债务人提供质押担保时，可以要求主债务人提供反担保；如果主债务人到期未清偿债务，出质人代为清偿债务后，对主债务人享有追偿权。

4. 质物受侵害时的损害赔偿请求权

质权人不能妥善保管质物或因其他原因可能使质物毁损灭失的，出质人享有损害赔偿请求权。

（六）动产质权的消灭

动产质权作为担保物权的一种，它可以因担保物权消灭的共同原因而消灭（如主债权已被清偿、债权人抛弃担保、债权人和债务人混同等），还可以因下列原因而消灭：

1. 因质物的返还而消灭

质权的设立以占有为成立要件，如果质权人基于自己的意思将质物返还给出质人，就会引起动产质权的消灭。

2. 因质物的灭失而消灭

如果质物绝对灭失，则质权消灭。但如果质物灭失获得赔偿金、保险金等，则可作为质物的代位物，从而质权继续有效。

三、权利质权

（一）权利质权的概念

权利质权是指以所有权、用益物权以外的可让与的财产权利作为质权标的而设立的质权。

（二）权利质权的特点

1. 权利质权以可让与的财产权利为标的

权利质权的标的物是财产权利而非人身权利。只有质物是财产权利，才能在债务人不按期偿还债务时，将该权利变现，从而实现债权人的债权。

2. 权利质权以交付权利凭证或登记为其公示方法

权利质权的设立，以交付权利证书或办理登记作为生效的要件。出质人出质后，应将代表该权利的证书转移给质权人占有。如果确因客观原因导致无法交付权利证书的载体，可以通过办理登记证明质权的设立。

3. 权利质权具有特殊性

传统民法一向只承认动产质权作为担保物权的一种，而权利质权与动产质权相比，在标的、公示方式、实现方式等方面存在诸多差异，故民法理论将其视为一种特殊的质权。

（三）权利质权的设立

《物权法》第二百二十三条规定："债务人或者第三人有权处分的下列权利可以出质：（一）汇票、支票、本票；（二）债券、存款单；（三）仓单、提单；（四）可以转让的基金份额、股权；（五）可以转让的注册商标专用权、专利权、著作权等知识产权中的财产权；（六）应收账款；（七）法律、行政法规规定可以出质的其他财产权利。"该条共列举了六种可以出质的权利，另外还有"法律、行政法规规定可以出质的其他财产权利"。针对不同的权利质权，其设定的要求也不同。

1. 汇票、支票、本票、债券、存款单、仓单、提单

《物权法》第二百二十四条规定："以汇票、支票、本票、债券、存款单、仓单、提单出质的，当事人应当订立书面合同。质权自权利凭证交付质权人时设立；没有权利凭证的，质权自有关部门办理出质登记时设立。"《物权法》第二百二十五条规定："汇票、支票、本票、债券、存款单、仓单、提单的兑现日期或者提货日期先于主债权到期的，质权人可以兑现或者提货，并与出质人协议将兑现的价款或者提取的货物提前清偿债务或者提存。"对此，我们要注意：第一，按照《物权法》第二百二十四条的规定，以汇票、支票、本票、债券、存款单、仓单、提单出质的，质权设立时间取决于有无权利凭证，有权利凭证的，自权利凭证交付时设立；无权利凭证的，自有关部门办理出质登记时设立。第二，汇票、支票、本票、债券、存款单、仓单、提单的兑现日期或者提货日期先于主债权到期的，质权人和出质人可以协议先行清偿债务或提存。第三，《物权法》第二百二十四条所列财产权利设立质权后不得再转让或质押。《担保法解释》第一百零一条规定："以票据、债券、存款单、仓单、提单出质的，质权人再转让或者质押的无效。"

2. 可以转让的基金份额、股权

《物权法》第二百二十六条第一款规定："以基金份额、股权出质的，当事人应当订立书面合同。以基金份额、证券登记结算机构登记的股权出质的，质权自证券登记结算机构办理出质登记时设立；以其他股权出质的，质权自工商行政管理部门办理出质登记时设立。"按此规定，以基金份额、证券登记结算机构登记的股权出质的，质权自证券登记结算机构办理出质登记时设立；以其他股权出质的，质权自工商行政管理部门办理出质登记时设立。

《物权法》第二百二十六条第二款规定："基金份额、股权出质后，不得转让，但经出质人与质权人协商同意的除外。出质人转让基金份额、股权所得的价款，应当向质权人提前清偿债务或者提存。"按此规定，基金份额、股权出质后，只有经过质权人同意才可以转让，转让所得价款，应向质权人提前清偿债务或者提存。

3. 可以转让的注册商标专用权、专利权、著作权等知识产权中的财产权

《物权法》第二百二十七条规定："以注册商标专用权、专利权、著作权等知识产权中的财产权出质的，当事人应当订立书面合同。质权自有关主管部门办理出质登记时设立。知识产权中的财产权出质后，出质人不得转让或者许可他人使用，但经出

质人与质权人协商同意的除外。出质人转让或者许可他人使用出质的知识产权中的财产权所得的价款，应当向质权人提前清偿债务或者提存。”根据该条规定：第一，以知识产权中的财产权出质的，双方须订立书面合同，向主管部门办理出质登记，质权才能设立；第二，知识产权中的财产权出质后，未经质权人同意，出质人不得转让或许可他人使用；第三，在质权人同意的条件下，出质人转让或许可他人使用出质的知识产权所获得的价款，应向质权人提前清偿债务或者提存。

4．应收账款

《物权法》第二百二十八条规定：“以应收账款出质的，当事人应当订立书面合同。质权自信贷征信机构办理出质登记时设立。应收账款出质后，不得转让，但经出质人与质权人协商同意的除外。出质人转让应收账款所得的价款，应当向质权人提前清偿债务或者提存。”根据该条规定：第一，以应收账款出质的，当事人须订立书面合同，并向信贷征信机构办理出质登记；第二，应收账款出质后，未经质权人同意，不得转让；第三，经质权人同意转让应收账款所得的款项，应向质权人提前清偿债务或提存。

案例 26

动产质押财产善意取得的认定①
——郴州 A 投资有限公司诉郭某国、郴州 B 粮油工业有限公司执行异议之诉案

案外人：郴州 A 投资有限公司

申请执行人：郭某国

被执行人：郴州 B 粮油工业有限公司

【基本案情】

刘某恭与刘某志系父子关系，湘 LF08××宝马牌小轿车登记在刘某志名下，车辆保险的购买人也是刘某志。2013 年 4 月 12 日，刘某恭因资金周转困难，向

① 国家法官学院案例开发研究中心：《中国法院 2016 年度案例　物权纠纷》，中国法制出版社 2016 年版，第 251 页。

郴州A投资有限公司借款一百万元，借款期限为六个月（自2013年4月12日起至10月11日止），借款到期后，刘某恭无力归还借款。2014年6月5日，刘某恭向郴州A投资有限公司出具承诺书，将登记在刘某志名下的湘LF08××宝马牌小轿车质押给郴州A投资有限公司，作为其欠款的担保物，并将湘LF08××宝马牌小轿车移交至郴州A投资有限公司，但未征得刘某志的同意。

2013年11月14日，刘某志向法院出具担保书，自愿将其名下的湘LF08××宝马牌小轿车为郭某国与郴州B粮油工业有限公司民间借贷纠纷一案的财产保全提供担保，保证责任为连带保证。2014年11月10日，法院查封了刘某志所有的湘LF08××宝马牌小轿车。

【案件焦点】

车辆所有权的认定和动产质押财产善意取得的认定。

【法院裁判要旨】

法院生效裁判认为：《物权法》第二十四条规定："船舶、航空器和机动车等物权的设立、变更、转让和消灭，未经登记，不得对抗善意第三人。"涉案车辆登记在刘某志名下，案外人没有提供证据证明该车系他人出资购买的，可以认定涉案车辆的所有权人是刘某志；《最高人民法院关于适用〈中华人民共和国担保法〉若干问题的解释》第八十四条规定："出质人以其不具有所有权但合法占有的动产出质的，不知出质人无处分权的质权人行使质权后，因此给动产所有人造成损失的，由出质人承担赔偿责任。"根据该条规定，动产质押善意取得的条件之一是质权人不知出质人是无处分权人。在本案中，涉案车辆在质押时，案外人对该车的登记、抵押情况向交警部门进行了查询，案外人在质押时明知该车是登记在刘某志名下也接受该车的质押，且没有征得涉案车辆所有权人刘某志的同意，故案外人不是善意第三人和质押人，案外人认为应当保护其作为质权人和善意第三人的权利，法院不予支持。

据此，按照《物权法》第二十四条，《最高人民法院关于适用〈中华人民共和国担保法〉若干问题的解释》第八十四条，《中华人民共和国民事诉讼法》第二百二十七条，《最高人民法院关于适用〈中华人民共和国民事诉讼法〉执行程序若干问题的解释》第十五条的规定，裁定如下：

驳回郴州A投资有限公司的执行异议。

【案例评析】

本案的案外人郴州A投资有限公司的主张能否得到支持的条件之一就是其作为质权人，是不是动产质押财产的善意取得人。

根据《物权法》第二十四条的规定，机动车所有权登记虽然不是物权变动的公示方式，但只有经登记，才具有对抗善意第三人的效力；依据《中华人民共和国道路交通安全法》（以下简称《道路安全法》）第八条的规定，机动车车辆登记仅仅是一种行政管理措施，该登记不具有物权变动的公示效力。那么在具体的司法实践中，如何确定车辆的所有权人呢？虽然我们不能武断地根据《物权法》第二十四条和《道路交通安全法》第八条的规定直接认定车辆登记人就是车辆所有权人，但由于我国没有完善的物权变动登记制度，所以依据《道路交通安全法》第八条的规定对车辆进行登记的行为，是确定车辆所有权人最直接的办法。本案中，涉案车辆湘*LF08*××宝马牌小轿车登记在刘某志名下，车辆保险的购买人也是刘某志，案外人郴州弘毅投资有限责任公司并未提供证据证明车辆的实际所有人并非刘某志，故应认定车辆的所有权人是刘某志，而非刘某恭。在本案中，案外人的主张要想得到支持，必须证明自己是动产质押的善意取得人。根据《最高人民法院关于适用〈中华人民共和国担保法〉若干问题的解释》第八十四条的规定："出质人以其不具有所有权但合法占有的动产出质的，不知出质人无处分权的质权人行使质权后，因此给动产所有人造成损失的，由出质人承担赔偿责任。"从该条规定中，我们可以看出动产质权善意取得的成立需要具备以下条件：第一，出质人是无权处分人；第二，质权人是善意的；第三，质物必须是法律允许流通的动产。但在本案中，涉案车辆在交给案外人时，案外人就该车的登记、抵押情况向交警部门进行了查询，这说明案外人对于该车的登记情况是完全了解的，所以可以认定案外人对于该车辆的占有并非善意的，所以案外人对于刘某志车辆的占有不成立动产质押的善意取得，其主张不能得到支持。

第四节 留置权

一、留置权的概念和特点

（一）留置权的概念

留置权是指债务人不履行到期债务时，债权人可以留置其合法占有的债务人的动产并就其变价优先受偿的权利。《物权法》第二百三十条规定："债务人不履行到期债务，债权人可以留置已经合法占有的债务人的动产，并有权就该动产优先受偿。债权人为留置权人，占有的动产为留置财产。"

（二）留置权的特点

留置权作为担保物权，除了具有担保物权共有的特征（如从属性、不可分性等），它还具有独特性。

1. 留置权是动产担保物权

《物权法》规定留置权的目的是担保债权的实现。留置权人留置债务人的动产并不是为了对该动产进行使用、收益，而是为了留置该动产督促债务人偿债或者就该动产优先受偿，所以留置权是一种担保物权。由于留置权的特性，所以留置权的标的物只能是动产，所以留置权又是一种动产担保物权。

2. 留置权是占有性担保物权

根据法律规定，只有留置权人实际占有债务人的动产时，留置权才能成立。

3. 留置权是具有二次效力的担保物权

留置权发生以后，会产生两次效力。第一次效力发生在留置权产生之时，留置权人可以在债务人未履行债务前留置债务人的动产，对于债务人的返还请求权具有拒绝权，这是留置权的留置效力；第二次效力是留置权人在债务人超过法定期限仍不履行其债务时，有权就留置物折价、拍卖或变卖的价款优先受偿，这是留置权的优先受偿效力。

4. 留置权是法定担保物权

留置权属于法定担保物权，具有法定性，这是指留置权是依据法律规定的条件直接发生的，并不是由当事人设定的，这是留置权与抵押权、质权的重要区别。

二、留置权的成立

（一）留置权成立的积极条件

1. 债权人已合法占有债务人的动产

只有债权人在事实上取得了对债务人动产的占有、管领、控制和支配时，才能成立留置权。债权人对债务人动产的占有必须基于合法原因，基于非法原因取得占有的不能成立留置权。

2. 债权人留置的动产与债权人对债务人享有的债权之间须属于同一法律关系

《物权法》第二百三十一条规定："债权人留置的动产，应当与债权属于同一法律关系，但企业之间留置的除外。"按此规定，只有在债务人的动产与债权人的债权都是基于债权人占有的标的物而发生的同一法律关系时，债权人才能留置债务人的动产，但是企业之间的留置不受这一规定的限制。

3. 债务人到期不履行债务

留置权的发生条件，必须是债务已经到期，但债务人仍不履行其债务时，债权人才可以将其合法占有的动产留置。若债务尚未到履行期，债权人不可以行使留置权。

（二）留置权取得的消极条件

留置权取得的消极条件就是留置权成立的阻碍因素，也是限制留置权成立的因素。《物权法》第二百三十二条规定："法律规定或者当事人约定不得留置的动产，不得留置。"按此规定，留置权的成立不得违反法律的强行性规定，当事人亦可通过合同排除留置权的适用。另外，行使留置权不得与债权人所承担的义务相抵触，比如运输合同，承运人就不能留置运输合同的标的物。

三、留置权的效力

（一）留置权对于留置权人的效力

1. 留置占有的动产的权利

留置权人对留置财产享有占有权，在债权受清偿前有权拒绝债务人的返还请求权。

2. 收取留置财产所生孳息的权利

留置权人在占有留置物期间，有权收取留置物的孳息，以抵偿债务。

3. 为保管之目的而使用留置财产的权利

留置权是担保物权，留置权人原则上无权使用留置财产，但出于保管和维持留置财产安全的目的，留置权人对留置财产有一定的使用权，比如，当留置财产为电视机、汽车时，为防止其生锈可以进行必要的使用。

4. 优先受偿的权利

留置权人占有留置物后，经过一定期限，债务人仍不履行债务的，留置权人有权将留置物折价、拍卖或变卖，就其价款优先受偿。

5. 妥善保管留置财产的义务

留置权人负有妥善保管留置物的义务，未尽该义务，导致留置物毁损、灭失的，留置权人应当承担赔偿责任。

6. 返还留置财产的义务

债务人在债务履行期届满前清偿了债务，或者留置权因其他原因而灭失时，留置权人应将其留置的财产返还给债务人。

（二）留置权对于留置财产所有权人的效力

1. 损害赔偿请求权与留置财产返还请求权

损害赔偿请求权与留置财产返还请求权是留置权人的保管义务和返还留置财产的义务体现。

2. 留置财产的处分权

留置物的所有人虽然暂时丧失了留置物的占有，但并未丧失所有权，所以其仍可以对留置物进行处分。

3. 请求留置权人及时行使留置权的权利

《物权法》第二百三十七条规定："债务人可以请求留置权人在债务履行期届满后行使留置权；留置权人不行使的，债务人可以请求人民法院拍卖、变卖留置财产。"

四、留置权的实现

（一）留置权实现的条件

1. 债权人持续的占有留置物

留置权的发生以债权人持续占有留置物为条件。留置权成立后，留置权人应对留置物持续占有，如果丧失了这种占有，留置权即归于消灭。

2. 债务已届期

留置权人留置债务人的动产后，应当在规定的宽限期内通知债务人履行债务。宽限期可以是留置权人和债务人约定的债务履行时间；如果没有约定或者约定不明确的，留置权人可以给债务人两个月以上的债务履行期间。

3. 不存在妨碍留置权行使的法定或约定的情形

留置权人留置留置物后的权利行使应符合法律规定和合同的约定。留置权人行使留置权时不得违反公共秩序和善良风俗，不得与留置权人应承担的义务相抵触。

（二）留置权实现的方法

《物权法》第二百三十八条规定："留置财产折价或者拍卖、变卖后，其价款超过债权数额的部分归债务人所有，不足部分由债务人清偿。"按此规定，实现留置权的方法主要有三种：一是以留置财产折价；二是拍卖留置财产；三是变卖留置财产。

案例 27

基于劳动关系产生的债权不能行使留置权[①]

——A 商品交易有限公司诉卢某云返还原物案

原告（上诉人）： A 商品交易有限公司（以下简称 A 公司）

被告（被上诉人）： 卢某云

【基本案情】

卢某云原系 A 公司副总经理，分管行政、财务以及人事工作。捷达苏 BV36××轿车系 A 公司所有，由 A 公司于 2013 年 9 月 6 日购买后交付卢某云使用。2014 年 2 月 21 日，A 公司向卢某云送达《关于卢某云同志旷工和挪/占用公司财产处罚通告》，载明卢某云“连续旷工 13 日，我司多次通知拒不去集团物流园报到也不来交易所，并挪用和拒还公司小车（捷达苏 BV36××），其行为违反了我司《员工手册》第三章第十五条关于旷工的规定和第十三章第七十二条第十款挪用公司财物的规定，属于严重违纪行为，从即日起给予辞退处理”等内容。卢某云对解除劳动关系并无异议，但认为 A 公司解除劳动关系违法，应向其支付拖欠的工资、社保金及经济补偿金，故拒绝向 A 公司返还苏 BV36××轿车。因此，A 公司诉至法院，要求卢某云返还苏 BV36××轿车。

2014 年 6 月 9 日，卢某云向无锡市某区劳动人事争议仲裁委员会申请劳动仲裁，同年 7 月 25 日该委作出锡滨劳人仲案字〔2014〕第××号仲裁裁决书，载明 A 公司应支付卢某云 2013 年 1 月至 2014 年 1 月的工资差额 12.6 万元及违法解除劳动合同的经济赔偿金 8 万元等内容。A 公司不服该仲裁裁决书，已向无锡市滨湖区人民法院提起诉讼，该案尚处于诉讼程序中。

【案件焦点】

卢某云是否可以就其劳动债权对 A 公司的苏 BV36××汽车行使留置权。

---

① 国家法官学院案例开发研究中心：《中国法院 2016 年度案例　物权纠纷》，中国法制出版社 2016 年版，第 243 页。

【法院裁判要旨】

无锡市崇安区人民法院认为：A公司因卢某云担任A公司副总经理，将苏BV36××汽车配置给卢某云使用，故卢某云因A公司的安排合法占有、使用该车辆。卢某云系基于其与A公司的劳动关系合法占有该车辆，又主张基于该劳动关系A公司结欠其工资及经济赔偿金，故卢某云依法有权对该车行使留置权。因此，卢某云在A公司与其解除劳动关系后，基于A公司尚欠其工资及经济补偿金事宜，有权对苏BV36××汽车行使留置权，故对A公司要求卢某云返还车辆、支付车辆使用费的主张不予支持。故判决：

驳回A公司的诉讼请求。

A公司持原审起诉意见上诉。无锡市中级人民法院认为：留置权是平等主体之间实现债权的担保方式；劳动关系主体双方在履行劳动合同过程中处于管理与被管理的不平等关系，劳动者不能以用人单位拖欠劳动报酬为由，主张对用人单位供其使用的工具、物品等动产行使留置权。故判决：

一、撤销无锡市崇安区人民法院（2014）崇民初字第××号民事判决。

二、卢某云自本判决生效之日起10日内向A公司返还苏BV36××轿车。

【案例评析】

《物权法》第二百三十条规定："债务人不履行到期债务，债权人可以留置已经合法占有的债务人的动产，并有权就该动产优先受偿。前款规定的债权人为留置权人，占有的动产为留置财产。"《物权法》第二百三十一条规定："债权人留置的动产，应当与债权属于同一法律关系，但企业之间留置的除外。"根据这两条规定，我们发现留置权的行使条件之一为当事人是平等主体，在它们之间存在债权债务关系，行使留置权是为了担保债权的实现。留置权规定在民事法律当中，其主体是平等主体，而本案中的法律关系是劳动法律关系，主体一方为用人单位，另一方为劳动者，双方在履行劳动合同中，主体地位不具有平等性，所以，劳动者不能基于劳动管理关系对所占有的用人单位的财产适用留置。

本案中卢某云的工资债权可以依据劳动法和劳动合同法通过仲裁或诉讼的方式解决，不能通过留置其占有的公司轿车的方式来解决。所以，卢某云在劳动关系解除后，不能继续占有公司的轿车，应向公司返还轿车。

第五章　占有

第一节　占有概述

一、占有的概念和特点

（一）占有的概念

占有是指占有人对于物管领和控制的事实状态。占有是一种事实状态，为了实现社会的稳定，才把它作为一种法律上的利益而做出了规定。

占有是实现所有权其他权能的基础，所以占有通常是由所有人享有的。但在一定条件下，占有也可以作为一项所有权的权能由非所有人享有，故他物权的核心就在于占有。随着物权从抽象的支配到具体的利用的发展，占有的功能更愈益突出。

（二）占有的特点

1. 占有的主体是占有的实施人

自然人、法人、其他组织都可以成为占有的实施人，并且不限于物的所有权人。对于占有人的行为能力法律也没有特别的限制，无民事行为能力人、限制民事行为能力人也可以成为占有人。

2. 占有的客体是物

占有关系表现为人们对于物的事实上的控制和管领，所以占有的客体是物，包括动产和不动产。

3. 占有的内容是占有人对标的物有事实上的支配和控制

占有的成立须有占有人对物的事实上的支配和控制。所谓支配，是指占有人能够对物进行一定的利用；所谓控制，是指物处于占有人的管理或影响之下。一般来说，对于动产的占有表现为控制，对于不动产的占有表现为利用。

二、占有的分类

（一）自主占有与他主占有

这是以占有人是否以所有的意思为标准所做的划分。

1. 自主占有

自主占有是指占有人以将占有物据为己有的意思而对物进行占有。需要注意的是，所有人的占有固然为自主占有，但是小偷的占有、侵占遗失物的拾得人的占有、无效买卖合同中买受人的占有均为自主占有。也就是说，自主占有不以享有所有权为要件，凡是“把自己当成所有人”的占有人都是自主占有人。

2. 他主占有

不具有据为己有的意思而对物进行的占有为他主占有。一般而言，凡是基于占有媒介关系占有“他人”之物者，如承租人、保管人、质权人与留置权人的占有，均属于他主占有。不过，一旦他主占有人“变了心”，想将占有物据为己有时，他主占有则“变更”为自主占有。

区分自主占有和他主占有的意义主要在于取得时效以自主占有为要件。

（二）有权占有与无权占有

这是以占有人是否有本权为标准所做的划分。

1. 有权占有

有权占有是指有本权的占有。“本权”指“可以占有的权利”，即基于法律的规定或者合同的约定而享有占有的权利，“本权”包括物权和债权。建设用地使用权人、留置权人、质权人的占有为有权占有；借用人、承租人、保管人、运输人、买受人的占有亦属有权占有。

2. 无权占有

无权占有是指欠缺本权的占有。遗失物拾得人的占有、小偷对赃物的占有、无效买卖合同中买受人的占有均为无权占有。

区分有权占有和无权占有的意义主要在于：

(1) 物权人依据《物权法》第三十四条行使返还原物请求权时，其请求的相对人必须是无权占有人。

(2) 因侵权行为占有他人动产的，属于无权占有，不发生留置权。

(三) 善意占有与恶意占有

这是对无权占有的再分类，依据是无权占有中占有人的主观状态，有权占有不能采用善意与恶意的标准进行分类。

1. 善意占有

善意占有是指占有人不知道也不应当知道缺乏占有的本权而占有，即无权占有人的主观状态为不知情且无怀疑。例如，小偷甲将偷来的手表出卖给“不知情”的乙，乙的占有为善意占有。买卖合同无效，不知无效事由的买受人的占有为善意占有。

2. 恶意占有

恶意占有是指占有人明知无占有的权利，或者虽非明知但仍有所怀疑所形成的占有。例如，小偷甲将偷来的手表出卖给“知情”的乙，乙对手表的占有即为恶意占有。拾得人对遗失物的占有亦为恶意占有。

区分两者的意义最为重大：

(1) 权利人请求返还占有物时，善意占有人有权请求权利人支付保管、维修等必要费用，恶意占有人没有这种权利。

(2) 无权的自主占有人“使用”占有物导致占有物损坏的，恶意占有人应当承担赔偿责任，善意占有人不承担赔偿责任。

(3) 无权占有的标的物毁损、灭失的，善意的自主占有人，“不论是否具有过错”，仅负返还现存利益的责任，对其他损失不承担赔偿责任；恶意占有人“无论是否具有过错”，不仅负有返还现存利益的责任，对权利人的其他损失亦要承担损害赔偿责任。

(四) 直接占有与间接占有

这是以占有人是否直接占有占有物为标准所做的划分。

1. 直接占有

直接占有，是指直接对物进行事实上的管领和控制。例如，一般而言，质权人、承租人、保管人为直接占有人。

2. 间接占有

间接占有，是指并不直接占有某物，但依据一定的法律关系对直接占有人，享有返还占有请求权，因而对该物间接形成的管领和控制。

区分直接占有和间接占有的意义在于：

（1）占有被侵夺时，间接占有人不享有自力救济权，直接占有人可以实施自力救济。

（2）直接占有可以独立存在，间接占有不能独立存在。

（五）自己占有与辅助占有

这是以占有人是否亲自占有占有物为标准进行的划分。

1. 自己占有

自己占有是指占有人自己对物进行事实上的管领和控制。辅助占有之外的占有均为自己占有。

2. 辅助占有

辅助占有是指基于雇佣关系，受雇主的“指示”事实上控制某物。“辅助占有不是占有”，以雇主为占有人。例如，甲雇用乙操作某台机器，乙为占有辅助人，甲为占有人。

区分自己占有与辅助占有的意义如下：

（1）占有辅助人虽然在事实上管理、控制某物，但并非占有人，指示占有辅助人为占有的人才是占有人。

（2）占有辅助人对物的管理或控制被剥夺的，占有辅助人不得通过“公力救济”行使占有保护请求权，因为不是占有人。但是，占有辅助人可以实施“自力救济”，因为其行使自力救济比较方便。

（3）占有辅助人基于雇主的指示而先占有无主动产的，占有辅助人不能取得无主物的所有权，而是由雇主取得无主物的所有权。如雇主雇人在小河捕鱼，雇主基于先占取得鱼的所有权，而不是捕鱼的人。

第二节　占有的取得和消灭

一、占有的取得

占有的取得也称占有的发生，是指占有人依照某种事实或原因对物产生了事实上的支配与控制。占有的取得分为原始取得和继受取得。

（一）占有的原始取得

占有的原始取得是指不以他人既存的占有为根据而取得的占有，也就是不以占有人的意思表示为要素。所以占有的原始取得是事实行为，并不要求占有人取得占有时具有民事行为能力。占有原始取得的标的物既可以是动产；也可以是不动产，既可以是亲自占有，也可以是辅助人占有。原始取得不以直接占有为限。

（二）占有的继受取得

占有的继受取得是指基于他人的占有而取得的占有。

1. 占有的让与

占有的让与是指占有人以民事行为将占有物交付给他人，受让人因此取得占有。占有的让与须具备两个条件：第一，占有人须有让与占有的意思表示。非依占有人的意思发生的占有转移，不能发生占有的让与。第二，须发生占有的转移。只有物的交付才能使受让人得以对标的物形成事实上的管领。不动产让与的占有，也以交付为要件。

2. 占有的继承

占有可因继承关系由被继承人移转于继承人。依继承而取得占有，是基于法律的直接规定，一旦继承开始，继承人当然取得对继承标的物的占有，不管继承人是否已经在事实上控制了标的物。

二、占有的消灭

当占有人对标的物事实上的支配力与控制力不复存在时，占有便归于消灭。

第三节　占有的效力

一、占有的状态推定效力

在无相反证明的情况下，法律推定占有人的占有是自主、善意、和平、公开的占有。

二、占有的权利推定效力

如果占有人对占有物有占有的事实，则推定占有人的权利具有真实的权利基础。

三、占有人的权利和义务

（一）善意占有人的使用、收益权

《物权法》第二百四十二条规定："占有人因使用占有的不动产或者动产，致使该不动产或者动产受到损害的，恶意占有人应当承担赔偿责任。"按照此规定，善意占有人对占有物享有使用、收益权，因使用、收益占有物，致使占有物受到损害的，该善意占有人无须承担损害赔偿责任。

（二）善意占有人的费用求偿权

《物权法》第二百四十三条规定："不动产或者动产被占有人占有的，权利人可以请求返还原物及其孳息，但应当支付善意占有人因维护该不动产或者动产支出的必要费用。"按照此规定，善意占有人有必要费用的偿还请求权。

（三）返还占有物的义务

《物权法》第二百四十三条规定："不动产或者动产被占有人占有的，权利人可以请求返还原物及其孳息，但应当支付善意占有人因维护该不动产或者动产支出的必要费用。”按照此规定，无论是善意占有人还是恶意占有人，对于真正的权利人皆有返还占有物的义务，并且在返还占有物时还须返还孳息。

（四）赔偿损失的义务

《物权法》第二百四十二条规定：“占有人因使用占有的不动产或者动产，致使该不动产或者动产受到损害的，恶意占有人应当承担赔偿责任。”《物权法》第二百四十四条规定：“占有的不动产或者动产毁损、灭失，该不动产或者动产的权利人请求赔偿的，占有人应当将因毁损、灭失取得的保险金、赔偿金或者补偿金等返还给权利人；权利人的损害未得到足够弥补的，恶意占有人还应当赔偿损失。”按照以上两条规定，在占有的不动产或动产非因占有人原因毁损、灭失时，占有人应当将保险金、赔偿金或补偿金返还权利人，如果权利人的损害未能得到足够弥补，恶意占有人还应当承担赔偿责任，善意占有人则不负赔偿责任。

第四节　占有的保护

一、占有人的自力救济

占有人在其占有受到侵害时，如果侵害人没有比占有人更强的权利，则占有人有权依其占有进行自力救济。自力救济包括自力防御权和自力取回权。前者是指占有人对于侵夺或妨害其占有的行为，可以以自己的力量进行防御和反击；后者是指占有人有权取回被他人侵夺的占有物。

二、占有保护请求权

（一）占有回复请求权

占有回复请求权是指占有被侵夺的，占有人有权请求侵夺人及其继受人回复其占有，返还原物。

占有回复请求权的构成要件如下：

其一，有权占有或者无权占有被侵害人侵夺。所谓“侵夺”（法条用“侵占”一词），是指非基于占有人的意思，采取违法行为使其丧失对物的控制与支配。占有的动产被盗、被抢，占有的不动产被霸占均属于“侵夺”。因此，非因他人的“侵夺”而丧失占有的，不享有占有回复请求权。符合《物权法》第三十四条规定条件的，可以行使返还原物请求权。

其二，请求权人必须是占有被剥夺的占有人，有权占有或无权占有、直接占有或间接占有均非所问。需要注意的是，直接占有人可以请求侵占人向自己返还占有物，间接占有人只能请求侵占人向直接占有人返还占有物。

其三，被请求人为占有的侵夺人及其继受人。占有回复请求权只能向侵夺人或者侵夺人的继受人主张。

其四，须在一年的除斥期间内行使。占有人返还原物的请求权，自侵占发生之日起一年内未行使的，该请求权消灭。应注意的是，占有回复请求权消灭的，不影响占有被侵占的物权人基于《物权法》第三十四条行使返还原物请求权。

（二）占有妨害排除请求权

占有人对于妨害占有的，有权请求排除妨害。所谓“妨害”，指以侵夺以外的方式妨碍占有人对物的占有。如在他人占有房屋的门前堆放垃圾，在他人占有的车库前停放汽车等。即使物的所有人对占有物构成妨害，占有人也有权请求排除妨害。如出租人对承租人的占有构成妨害的，承租人有权请求排除妨害。

妨害必须是非法的或者不正当的。如果妨害是合法的，比如邻居基于相邻关系排放适量的油烟、造成少量噪声，占有人有容忍的义务，不享有妨害排除请求权。

（三）占有妨害防止请求权

妨害虽然尚未实际发生，但是占有有遭受他人妨害的现实危险时，占有人有权请求他人采取一定措施，以防止发生妨害占有的后果。比如，他人在占有人占有的房屋附近开挖地窖或者进行地下施工，确有危害房屋的现实可能性的，占有人有权请求他人采取措施消除危险。再如，邻地的围墙可能倒塌，有妨害占有人占有土地的危险，占有人有权请求消除危险。

案例 28

所有权与占有权能分离的情况下买受人的权利救济途径①
——连某诉臧某排除妨害案

原告（被上诉人）： 连某

被告（上诉人）： 臧某

【基本案情】

上海市某区周浦镇瑞安路某号房屋（以下简称系争房屋），原系臧某房屋拆迁后以补偿安置款购得。2008 年 8 月，系争房屋的权利核准登记至臧某名下，房屋由臧某及家人居住使用。2011 年 8 月 12 日，案外人李某以臧某代理人的身份与案外人谢某就系争房屋签订《上海市房地产买卖合同》，约定房地产转让价款为 80 万元，后系争房屋权利登记至案外人谢某名下。2011 年 10 月，连某与案外人谢某就系争房屋签订了买卖合同，约定房地产转让价款为 110 万元。2012 年 4 月 5 日，系争房屋权利核准登记至连某名下。

2012 年 7 月 5 日，连某起诉谢某，要求其交付系争房屋，臧某作为第三人申请参与诉讼，后法院判决，确认以臧某名义与案外人谢某就系争房屋签订的《上海市房地产买卖合同》无效；驳回连某要求谢某交付系争房屋的诉求；驳回臧某要求确认连某与谢某就系争房屋的买卖关系无效的诉求。

连某以其已合法取得系争房屋，现臧某仍居住在系争房屋中，严重侵犯了其作为物权人对物权正常权利行使之由诉至法院，要求臧某迁出系争房屋。

【案件焦点】

当所有权与占有权能发生分离的情况下，买受人是否可以其房屋所有权人基于返还原物请求权要求房屋的实际占有人迁出。

---

① 国家法官学院案例开发研究中心：《中国法院 2016 年度案例　物权纠纷》，中国法制出版社 2016 年版，第 99 页。

【法院裁判要旨】

上海市某区人民法院经审理认为：财产所有权是指所有人依法对自己的财产享有占有、使用、收益和处分的权利。侵占国家、集体财产或者他人财产的，应当返还财产，不能返还财产的，应当折价赔偿。本案中，根据连某提供的证据，足以证明其系争房屋的合法产权人，依法享有占有、使用、收益和处分的权利。臧某现已非系争房屋的产权人，其已无权居住使用上述房屋，故连某要求臧某迁出系争房屋应予准许，但鉴于本案的实际情况，应给予臧某一定的时间，另行解决居住问题。臧某辩称系争房屋属其所有，其并未出售系争房屋等意见，与事实不符，也于法无据，法院不予采信。

上海市某区人民法院依照《民法通则》第一百一十七条第一款之规定，作出如下判决：

臧某于判决生效之日起两个月内迁出系争房屋。

臧某提起上诉。上海市第一中级人民法院经审理认为：虽然生效判决确认连某与案外人谢某就系争房屋签订的买卖合同有效，但同时亦确认谢某自始至终没有合法取得系争房屋而客观上无法向连某履行交付系争房屋的义务，故连某应向谢某主张因无法交付系争房屋导致买卖合同无法继续履行的违约责任，连某虽然已取得系争房屋的产权证，但在其从未从出售方谢某处获得系争房屋实际控制权的情况下，其径行要求系争房屋实际占用人臧某迁出，法院不予支持。

上海市第一中级人民法院依照《民事诉讼法》第一百七十条第一款第（二）项之规定，作出如下判决：

一、撤销上海市某区人民法院（2013）浦民一（民）初字36××号民事判决。

二、驳回连某要求臧某迁出系争房屋的诉讼请求。

【案例评析】

本案涉及的问题是房屋登记的产权人与房屋实际占用人之间的利益保护问题。在正常情况下，根据不动产物权登记制度、物权公信公示原则以及善意取得制度，我们应保护房屋产权登记人的利益。但在本案中，我们更应关注的是案外人李某作为臧某的代理人是否属于有权代理。按照臧某的陈述，其属于无权代理，那臧某就是无权处分人，这时我们应关注的就是臧某与谢某进行交易时，谢某是否属于善意，一审法院在审理此案时更多关注的是物权的公示公信原则和善意取得制度，所以一审法院支持了连某的主张。二审法院在审理此案时更多关注的是实际占用人的占用是否合法、出卖方出卖时是否有权、买受方在交易时是否存在恶意等几个方面。首先，臧某的占有应属有权占有，案外人李某以臧某代理人的名义与案外人谢某所签订的合同被法院认定为无效合同，也就是该买卖合同不是原始产权人臧某的真实意志的表达，那么根据合同生效要件，该合同对臧某不发生法律效力，所以臧某对该房屋的占有始终是以所有权人的身份进行的占有，所以应为有权占有。根据《物权法》第三十四条“无权占有不动产或者动产的，权利人可以请求返还原物”的规定，无权占有人负返还义务，现臧某为有权占有，所以连某不能要求臧某返还房屋。

关于连某的权利救济途径，根据合同的相对性原则，连某可以请求谢某履行合同。由于谢某无法向连某交付房屋，所以连某可以根据《合同法》第九十四条的规定主张解除双方之间的买卖合同并向谢某主张因无法交付房屋导致合同无法继续履行的违约责任。

参考文献

［1］史尚宽：《物权法》，中国政法大学出版社 2000 年版。

［2］谢在全：《民法物权》（上、下册），中国政法大学出版社 1999 年版。

［3］江平：《物权法教程》，中国政法大学出版社 2011 年版。

［4］郭明瑞、房绍坤：《民法》，高等教育出版社 2012 年版。

［5］王利明：《民法》，中国人民大学出版社 2018 年版。

［6］王利明：《物权法》，中国人民大学出版社 2016 年版。

［7］崔建远：《物权法》，中国人民大学出版社 2015 年版。

［8］杨立新：《物权法》，中国人民大学出版社 2015 年版。

［9］杨立新：《物权法》，高等教育出版社 2014 年版。

［10］杨立新：《物权法》，中国人民大学出版社 2016 年版。

［11］梅夏英、高圣平：《物权法教程》，中国人民大学出版社 2016 年版。

［12］申卫星：《物权法原理》，中国人民大学出版社 2016 年版。

［13］郭明瑞、房绍坤：《民法》（第四版），高等教育出版社 2017 年版。

［14］石春玲：《物权法原理》，中国政法大学出版社 2008 年版。

［15］刘家安：《物权法论》，中国政法大学出版社 2009 年版。

［16］郑玉敏：《民法理论与实务》，高等教育出版社 2011 年版。

［17］郭明瑞、房绍坤：《民法案例分析》，高等教育出版社 2008 年版。

［18］刘智慧、寇广萍：《物权法案例研习》，中国政法大学出版社 2016 年版。

［19］李显冬：《物权法案例重述》，中国政法大学出版社 2010 年版。

［20］王联合：《物权法原理与案例研究》，北京大学出版社 2015 年版。

［21］杨立新：《民法案例分析教程》，中国政法大学出版社 2017 年版。

［22］房绍坤、张洪波：《物权法案例教程》，知识产权出版社 2003 年版。

［23］关涛：《物权法案例教程》，北京大学出版社 2010 年版。

［24］国家法官学院案例开发研究中心：《中国法院 2013 年度案例　物权纠纷》，中国法制出版社 2013 年版。

［25］国家法官学院案例开发研究中心：《中国法院 2013 年度案例　土地纠纷（含林地纠纷）》，中国法制出版社 2013 年版。

［26］国家法官学院案例开发研究中心：《中国法院 2014 年度案例　物权纠纷》，中国法制出版社 2014 年版。

［27］国家法官学院案例开发研究中心：《中国法院 2014 年度案例　土地纠纷（含林地纠纷）》，中国法制出版社 2014 年版。

［28］国家法官学院案例开发研究中心：《中国法院 2015 年度案例　物权纠纷》，中国法制出版社 2015 年版。

［29］国家法官学院案例开发研究中心：《中国法院 2015 年度案例　土地纠纷（含林地纠纷）》，中国法制出版社 2015 年版。

［30］国家法官学院案例开发研究中心：《中国法院 2016 年度案例　物权纠纷》，中国法制出版社 2016 年版。

［31］国家法官学院案例开发研究中心：《中国法院 2016 年度案例　土地纠纷（含林地纠纷）》，中国法制出版社 2016 年版。

［32］国家法官学院案例开发研究中心：《中国法院 2017 年度案例　物权纠纷》，中国法制出版社 2017 年版。

［33］国家法官学院案例开发研究中心：《中国法院 2017 年度案例　土地纠纷（含林地纠纷）》，中国法制出版社 2017 年版。

［34］国家法官学院案例开发研究中心：《中国法院 2018 年度案例　物权纠纷》，中国法制出版社 2018 年版。

［35］国家法官学院案例开发研究中心：《中国法院 2018 年度案例　土地纠纷（含林地纠纷）》，中国法制出版社 2018 年版。